Prólogo por **CASH LUNA**

# ¿POR QUÉ A MÍ?

**Cómo superar la aflicción del duelo**

RAQUEL VARGAS

En memoria de nuestra hija Camila,
a quien amamos tanto.
Anhelamos el día que nos podamos
reencontrar los seis.

¿POR QUÉ A MÍ?
Raquel Vargas
Email: raqvarbe@gmail.com

ISBN: 9781956625141
**Distribuido y Publicado:**
RENACER UNO CORP - www.renaceruno.com
**Edición y corrección de estilo:**
Gisela Sawin - IG @Giselasawin - www.giselasawin.com
**Diseño de portada y de interior:**
Pablo Montenegro - me@pablomontenegro.com
**Fotografías**
Daniela Zúñiga - IG @danizuvi.foto
Eduardo López - IG @eduardoll_cr

Impreso en Colombia

Todos los derechos reservados. No se permite la reproducción total o parcial, la distribución o la trasnformación de este libro, en ninguna forma o medio, ni el ejercicio de otas facultades reservadas sin el permiso previo y escrito del autor. Su infracción está penada por las leyes vigentes.

A menos que se indique lo contrario, Las citas bíblicas marcadas TLA se tomaron de la Traducción en Lenguaje Actual © 2003 por Sociedades Bíblicas Unidas. Usadas con permiso. Todos los derechos reservados.

Las citas bíblicas marcadas (RVR1960) son tomadas de la versión Santa Biblia, Reina-Valera 1960 © 1960 Sociedades Bíblicas en América Latina; © renovado 1988 Sociedades Bíblicas Unidas. Usadas con permiso. Todos los derechos reservados.

Las citas bíblicas marcadas RVA se tomaron de la Reina Valera Antigua, traducida en 1569 por Casiodoro de Reina y revisada por Cipriano de Valera y son de Dominio Público.

Las escrituras marcadas como "RVR1995" están tomadas de la versión Reina-Valera 1995, Reina-Valera 95® © Sociedades Bíblicas Unidas, 1995. Utilizadas con permiso. Todos los derechos reservados.

# Dedicatoria

Dedico este libro a mi esposo Jonathan, quien es un gran apoyo para mí y un padre excepcional para Camila, Tomás y Leonor.

Dedico también este libro a todas aquellas personas que, como yo, experimentan una pérdida, que saben y entienden el dolor.

# Agradecimientos

Quiero agradecer a mis papás, suegros, hermanos y cuñados, quienes han sido un gran soporte. Los amo.

Quisiera mencionar nuevamente a Mami, a mi suegra, a mi hermana Susy, a Marti, a la tía Jovita, a la tía Calín, a Jennifer, a doña Jeannette Fung, a Desiree, a Natalia, a Daniela, a Sarita, a Andre (mi cuñada), a Cristina, a Kathy, a Gaby Naranjo y a Grettel, que sacrificaron noches enteras o partes de su día para invertirlos en cuidar a Camila.

Quisiera mencionar también a Daniel Retana, quien ha sido clave para que este libro sea publicado, por haberme tenido paciencia y por haberme acompañado a lo largo de este proceso. ¡Gracias, Dani!

Gracias a tantas personas que me transportaban al hospital, por cada palabra de aliento, oraciones, comida y llamadas.

# Contenido

Dedicatoria ..................................................................................................5

Agradecimientos .........................................................................................7

Contenido ...................................................................................................9

Prólogo .....................................................................................................11

Prólogo .....................................................................................................13

Prefacio.....................................................................................................15

Introducción .............................................................................................17

**CAPÍTULO 1**
Camila: un rayo de luz se apagó................................................................21

**CAPÍTULO 2**
El duelo: un camino solitario ...................................................................33

**CAPÍTULO 3**
Cuando Dios parece el culpable ...............................................................43

**CAPÍTULO 4**
Las preguntas: una carrera sin fin..............................................................49

**CAPÍTULO 5**
Nadie me entiende: naufragio en el dolor .................................................55

**CAPÍTULO 6**
Regresar a lo «normal» .................................................................. 61

**CAPÍTULO 7**
Embarazos alrededor: la única que perdía era yo ......................... 69

**CAPÍTULO 8**
Vulnerabilidad al dolor: tolerancia bajo cero ................................ 77

**CAPÍTULO 9**
Desacelera: toma el control de los impulsos ................................ 83

**CAPÍTULO 10**
Enfócate en la vida, y no en la muerte .......................................... 89

**CAPÍTULO 11**
Tomás: el gran consuelo ................................................................ 95

**CAPÍTULO 12**
Leonor: quería huir ...................................................................... 101

**CAPÍTULO 13**
Ya pasaste lo peor ........................................................................ 107

**CAPÍTULO 14**
Hope: Ayudar me ayuda .............................................................. 113

**CAPÍTULO 15**
Resiliencia: una decisión inusual ................................................ 119

**CAPÍTULO 16**
Vivir intencionalmente ................................................................ 127

**CAPÍTULO 17**
Aprender a vivir ........................................................................... 133

Anexo ............................................................................................ 139

# Prólogo

Solo los que hemos vivido el duelo podemos dimensionar el impacto que produce en nuestras emociones tal experiencia, y la verdad es que no estamos preparados para cruzar este tipo de tempestad. Creo con todo mi corazón que este libro será una buena herramienta que te ayudará a cruzar al otro lado.

Para nosotros, la ilusión de disfrutar a nuestra nieta, el sueño de verla crecer a nuestro lado, se derrumbó en un momento. Esto nos hizo entrar en un proceso muy duro, por eso comprendemos a los que están viviendo algo semejante. Las emociones que se atraviesan son muchas y diversas, a veces enojo, frustración y sobre todo, deseos de encontrar un porqué. Pero al tiempo experimentar este proceso, la consolación que da el Espíritu Santo nos lleva a una senda de paz, y eso es lo que estamos nosotros viviendo en este momento. Lo más grande hoy en día, es saber la gloriosa esperanza viva que Dios nos ha dado ya que Él nos salvó para estar junto a Jesucristo pero, también para disfrutar por una eternidad junto a nuestros seres queridos. ¡No te rindas! ¡Sé fuerte! El Señor tiene el control aún de lo que entendamos ahora, pero el consuelo es saber que todo está en las manos de nuestro Señor Jesucristo.

Está escrito: «Él cambiará tu lamento en gozo» ¡Adelante!

**Raúl y Dinorah Vargas**
Los abuelos de Camila

# Prólogo

Las pérdidas son muy duras, pero nos enseñan a vivir, por lo que, si las sabemos llevar, seremos más fuertes que nunca. Dios multiplica las fuerzas al que no tiene ninguna. Cuando nos sentimos abatidos, Él nos dice: «Tranquilos, que ahora entro yo».

Conozco a Raquel desde joven, siempre fue una muchacha con muchos sueños. Tuve el privilegio de hospedarla en mi casa una larga temporada junto a sus hermanos Eduardo y Susy. Fue un tiempo muy especial e inolvidable en donde pude compartir con cada uno de ellos y conocerlos de cerca. La vi casarse con mucha ilusión y también la vi sufrir por la pérdida de su hija Camila.

Sé que el proceso de recuperación no ha sido fácil para Raquel, pero aun así he sido testigo de la fortaleza y el consuelo que ha venido de Dios. A veces, los tiempos de Dios son difíciles de aceptar, pero son perfectos dentro de Sus planes para nosotros. Sin fe y sin paciencia no se pueden heredar las promesas. El lenguaje de la fe solo se habla en futuro. Este libro será de gran ayuda a personas que han tenido una pérdida y que han sufrido altibajos durante su proceso de duelo. Es mi deseo que puedan transitar del dolor hacia el propósito a través de la experiencia personal de Raquel y las herramientas que ella ha recopilado para lograrlo.

Si perdiste a un ser querido y estás triste, vive tu proceso, llora lo que sea necesario, porque llegará el día que dejarás de hacerlo, ya que Dios puso en nosotros ese espíritu de sobrevivencia y de superación del dolor. Que los momentos difíciles no te confundan, no pienses que los justos no deben sufrir. Acepta con fe lo que venga y pide fortaleza al Señor en todo tiempo, porque mayores galardones hay para quienes confían en Él y le sirven con alegría todos los días de su vida. Declárate fortalecido por Su amor, acepta Su consuelo y alábale siempre.

**Cash Luna**
Pastor principal de la Iglesia Casa de Dios, Guatemala

# Prefacio

Como especialista en la salud mental, considero que uno de los temas más álgidos y desafiantes de tratar es el del duelo. ¿Quién está preparado para la pérdida? ¡Nadie! Todos estamos deseosos de ganar, pero no de perder. Por más romántica que suene la idea de la muerte como un paso a la vida eterna, pasar por el laberinto del duelo es algo que, humanamente, no deja de ser una de las experiencias más difíciles que atravesamos.

Conozco a Raquel, y doy fe de que es una persona absolutamente transparente y genuina. Su testimonio nunca deja de sorprenderme, no solamente por la forma en que las cosas sucedieron, sino por todo lo que trajo a la vida de la familia Chaves Vargas. Hoy en día, las heridas que dolían en carne viva se han transformado en cicatrices de propósito. Por esa razón y por muchas otras, creo que Raquel es la persona indicada para hablarnos sobre este tema desde su vivencia personal. He visto el trabajo que ha hecho con tantas personas, y también cómo su voz se ha convertido en una fuente de esperanza. Creo que Dios ha dotado a Raquel de una esperanza sobrenatural para infundirla en el corazón desesperanzado de aquellos que afrontan la separación de sus seres queridos. Me alegra saber que muchos encontrarán respuestas a preguntas incógnitas en sus procesos de duelo. ¡Este es el libro que toda persona debe tener en su biblioteca porque, tarde o temprano, hemos de pasar por la separación de las personas que amamos!

**Daniel Retana Navarro**
Licenciado en Psicología y autor

# Introducción

Crecí rodeada de mucho amor por parte de mis papás y de mis hermanos. Nuestra familia es muy unida. Soy la menor de los tres (Susana, Eduardo y yo). A mis dos años, sufrí un accidente, por el que tuve quemaduras de primer grado y estuve varios meses aislada. Esta situación derivó en que me apegara mucho a mi familia, especialmente a mis padres.

Naturalmente, ellos trataron de cuidarme muchísimo, motivo por el cual experimenté sobreprotección. Esto lo menciono para que puedan entender lo que signifco yo en mi familia. Mi hermana Susana ha sido como una segunda madre para mí. Mi hermano Eduardo también me cuidó mucho. Él y yo tenemos muchas historias en las que me defendía, incluso peleando.

Mis padres nos enseñaron a creer en Dios y a tener fe, sin importar las circunstancias alrededor. Se esforzaron por inculcarnos principios y valores muy fuertes, y se sacrificaron por esto, ya que para ellos era una prioridad. Nuestra vida se desarrolló en un ambiente cristiano, dado que mis padres formaban parte del liderazgo de una Iglesia, lo que nos marcó desde pequeños. Así y todo, el apoyo que recibimos de ellos siempre fue desde su rol de papás, y no desde el de pastores.

Frente a cualquier problema que tenía, todos me ayudaban a resolverlo. Al crecer, mis hermanos tenían sus propias amistades, pero yo pasaba más tiempo con mis papás. Recuerdo que eran momentos muy especiales que disfrutábamos los tres, desde comer un helado hasta solamente dar una vuelta en el carro. Pero era un tiempo de calidad que jamás olvidaré.

Cada uno de nosotros fue desarrollando su forma de ser, su personalidad, su carácter. A los veinte años, le tomé el gusto a viajar. Recuerdo que ahorré casi todo un año mis salarios para ir a Alaska, donde vivía una amiga. ¡Cómo lo disfruté! Después de unos días de haber estado en ese país, tomé un vuelo a Pensilvania, donde me esperaba la familia Ross, estadounidenses que me recibieron como a su propia hija. Ese mismo año, en julio, viajé durante un mes con ellos a Brasil.

En el 2003, conocí a mi esposo John (como le decimos cariñosamente). En noviembre del 2004, iniciamos una relación y, un año y seis meses después (específicamente, el diecisiete de junio), nos casamos. Al regreso de nuestra luna de miel, aún no nos habían entregado la casa que con tanto esfuerzo habíamos comprado. Por esta razón, nos quedamos en la casa de mis papás durante dos meses.

Este tiempo fue difícil. Un domingo al mediodía, mi cuñada perdió a su bebé. Ella y mi hermano nos habían anunciado, 22 días antes, que iban a tener su primer hijo. Ese día, cuando recibí la noticia, lloré mucho. Nunca antes había perdido a un ser querido. Este bebé era el primer nieto de ambas familias y, aunque estuvo pocos días con nosotros, lo esperábamos con muchas ansias y amor. Debido a los cuidados que mi cuñada necesitaba posteriormente a su pérdida, ellos también se quedaron en la casa de mis papás. Mi esposo y yo tratábamos de hacer lo que fuera necesario para que ellos sobrellevaran la situación de la mejor manera posible: alquilábamos películas, comprábamos comida y nos esforzábamos para verlos cada día un poco mejor. En mi mente no comprendía el dolor que ellos vivían. Tal vez tenía una idea, pero como yo no había sido mamá todavía, no podía sentir exactamente lo que ellos sentían. Solo lloraba ocasionalmente y trataba de acompañarlos en todo momento.

El primer año de casada fue de adaptación, desde el aprender a cocinar (nunca había preparado ni un huevo), hasta limpiar un baño. Gracias a Dios, siempre conté con el gran apoyo de John, que me enseñaba cómo hacer las cosas. Así fuimos compartiendo todos esos espacios hasta formar un gran equipo. Por miedos e inseguridades, no podía quitarme la idea de que yo no quería hijos. A todos los que me rodeaban, cuando me hacían esta pregunta, contestaba: «En diez años», para que dejaran de preguntarme. Cada vez más, el temor de pasar por el parto se hacía más grande, por lo que me mentalizaba que no podía hacerlo. Mi esposo siempre me brindó un espacio para no presionarme —acuerdo en el cual habíamos quedado—, lo que me hacía sentir tranquila. Recuerdo que, unos días antes de nuestro tercer aniversario de casados, empecé a sentirme muy mal. Mi estómago no estaba reaccionando como siempre: tenía colitis y gastritis al mismo tiempo, por lo que tomaba varias pastillas al día, para poder quitar ambos malestares.

El 17 de junio de 2009, recuerdo haberme ido a dar una ducha y, cuando salí, un ramo de rosas rojas me estaba esperando fuera del baño: eran de John, para celebrar nuestro aniversario. Varias veces en estos años, yo le pedía a mi esposo que me comprara pruebas de embarazo, ya que, a veces, el período se me atrasaba y nos pegábamos aquellos «sustos». Ese mismo día, teníamos un día lleno de reuniones. Recuerdo que mi esposo ya se rehusaba a comprarme pruebas de embarazo, por lo que le pedí a un amigo muy cercano que me hiciera el favor de comprarme una. A mitad de la reunión, aproveché ir al baño para comprobar si este malestar tenía una causa o no. Nunca olvidaré que, en dos o tres segundos, aparecieron las dos rayas. Estaba embarazada. Empecé a gritarle a mi esposo John que estaba embarazada. Los dos quedamos en estado de shock. Yo le decía: «No puede ser, esto es mentira». Más tarde, esa noche, nos hicimos nuevamente la prueba, que volvió a dar positivo. Una fecha especial y única: ¡Aniversario y confirmación de embarazo!

En este punto, yo me encontraba en una profunda negación. No lo esperaba, porque creía que no estaba lista para vivir el momento que tanto había temido. Dos días después, me realicé una prueba de sangre, y confirmó la noticia. Desde ese momento, dejé atrás el temor, y empezamos este viaje, que tanto marcó nuestra vida.

Mi embarazo fue muy tranquilo. Nunca tuve vómitos ni complicaciones. Al contrario, lo disfruté muchísimo y me esforcé todo ese tiempo en cuidar mi alimentación. A los cuatro meses y medio, exactamente el 18 de septiembre, mi esposo, mi mamá y yo fuimos al doctor para saber el sexo de nuestro bebé. Nunca quise decir nada pero, dentro de mí, siempre había querido tener una bebita. No olvidaré el momento cuando el doctor, mientras realizaba el ultrasonido, nos dijo: «Podemos ver que es una niña». En ese mismo instante, empecé a llorar de emoción. Dios había cumplido el anhelo más profundo de mi corazón. Recuerdo que mi papá, antes de saber el sexo del bebé, decía: «Bueno, que sea lo que Dios quiera, pero que sea una niña».

Luego decidí organizar el «Baby Shower» para Camila. Quise hacerlo muy especial. Todo estaba lleno de detalles para que, cuando ella creciera, supiera cuánto habíamos anhelado su llegada. Al recibir a los invitados, se asombraron al ver cómo había preparado todo, me decían que parecía la boda de Camila, y no una celebración por su próxima llegada. Ella siempre fue una bebé amada y deseada por todos nosotros. En esos meses, recibí cualquier cantidad de consejos de parte de algunas madres. El que más quedó grabado en mi mente fue: «Confía en tu instinto materno».

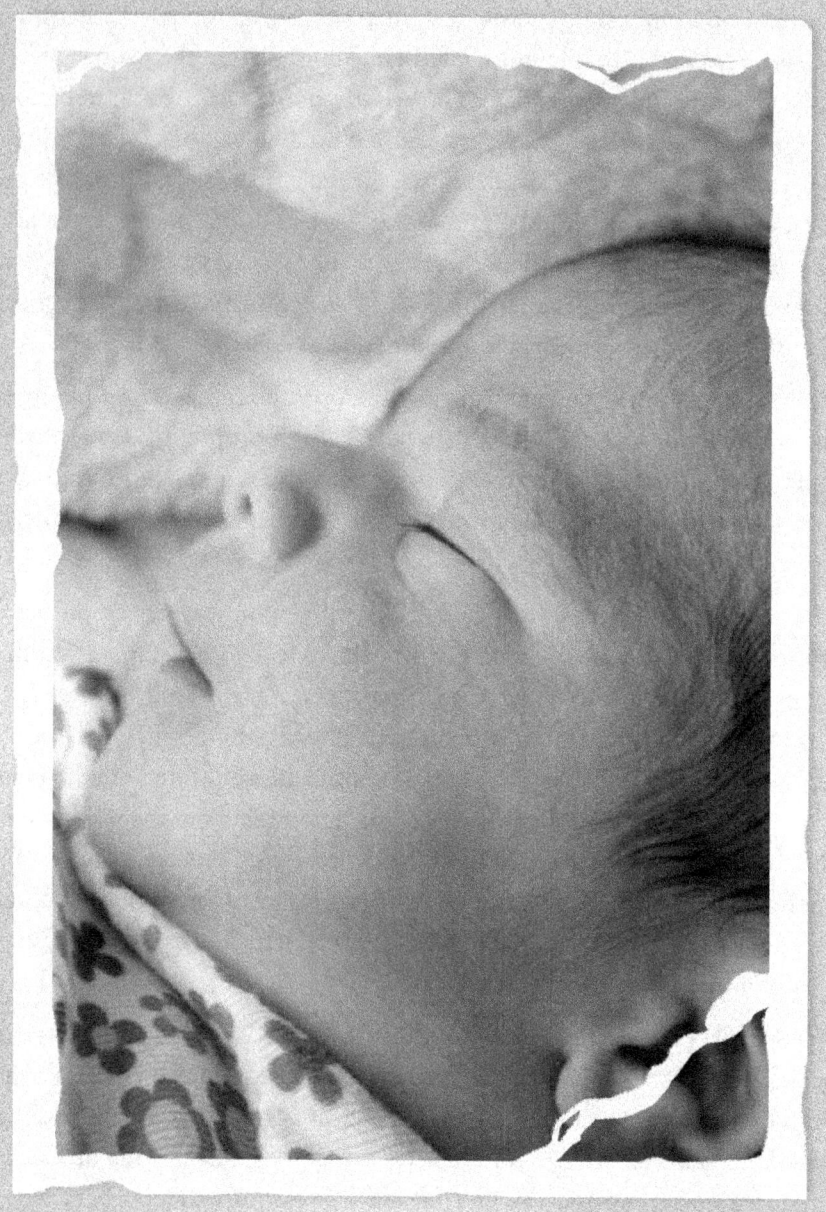

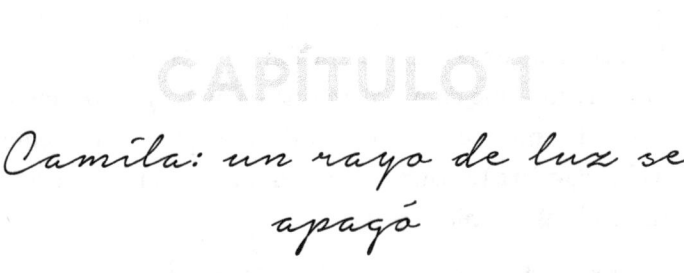

# CAPÍTULO 1
## Camila: un rayo de luz se apagó

Durante los nueve meses de embarazo, me realicé todos los controles que el médico me indicaba. Todos dieron perfectamente normales. Recuerdo que, en uno de estos, pudimos ver que la bebé se había acomodado con su cabecita para abajo, lista para nacer desde el quinto mes. Los ultrasonidos siempre me los hizo un radiólogo, para estar seguros de que realmente Camila se encontraba en condiciones óptimas para nacer.

En diciembre de 2009, en medio de tantas fiestas y cenas navideñas, recuerdo haberme sentido un poco extraña. Sentía que Camila se había movido bruscamente, y no entendía lo que estaba pasando. A los ocho meses de embarazo, fui a mi última cita, para definir qué clase de parto iba a tener. Recuerdo que, cuando el doctor comenzó con aquel chequeo, quedó un poco pensativo, y me dijo: «Raquel, Camila se sentó». Cuando escuché estas palabras, me asusté un poco, porque yo quería parto normal (no sabía lo que estaba pidiendo) y, entonces, él me dijo: «Esperemos 15 días de tiempo; si no, vamos a tener que realizarte una cesárea».

Pasado este lapso, regresé a mi cita médica. Ese día nos dimos cuenta de que Camila seguía en la misma posición, así que definimos que el día del parto sería el 1 de febrero del 2010 a las nueve de la mañana. Convinimos con el médico en que fuera el lunes. De esta manera, mi esposo podía estar toda la semana acompañándonos.

Una semana antes de mi parto, veía a toda la familia demasiado feliz. Sinceramente, esto me ofuscaba, porque pensaba que a nadie le importaba lo que me iba a pasar a mí: solo querían que naciera Camila. Toda esta tensión que sentía era por el temor que les tenía a las agujas, hospitales, etcétera. Aun así, estaba contra la espada y la pared: ya no había salida. El momento que tanto había temido estaba a la vuelta de la esquina. Ese lunes me levanté muy temprano, no tenía sueño. La ansiedad me comía, pero trataba de tranquilizarme por el bien de Camila. Fue así como hicimos el ingreso al hospital. Varias enfermeras se acercaban a la habitación a tomarme la presión y a medir las pulsaciones cardíacas de Camila. Todo estaba bien.

John —desde antes de que la bebé naciera— había dicho que no estaba seguro de poder acompañarme en el parto, ya que le daba un poco de miedo. En vista de esto, llamé a un doctor amigo de la familia para que me acompañara en este proceso tan importante de mi vida, en el que sentía que necesitaba el mayor apoyo del mundo.

En el momento en que fueron a buscarme para llevarme a la sala de preanestesia, fui llorando. Las enfermeras trataban de tranquilizarme diciendo que en pocos momentos iba a tener una bebé hermosa, que pronto todo iba a pasar. Y, gracias a Dios, John se animó, y los tres pudimos entrar al parto. La operación duró 25 minutos. Nunca voy a olvidar cuando escuché por primera vez los gritos de Camila... ¡Qué sensación tan bella y conmovedora! Después, cuando el pediatra tomó a Camila y la acercó a mi mejilla, dijo palabras que me dieron muchísima paz: «Todo está perfecto, felicidades» y la llevó con John. En ese momento pensé: «Lo logré; no era tan difícil». Por mi mente pasaban todo tipo de pensamientos. ¿Qué más podía yo pedirle a la vida? Todo había salido perfecto.

Una vez terminada la operación, me pasaron a la sala de recuperación, donde estuve por una hora. Desesperada por tener a Camila en mis brazos, llamé a la enfermera, la cual verificó que mi estado fuera el óptimo para regresarme al cuarto. Al llegar a la habitación, John estaba haciendo la tarea de papá canguro, mientras yo salía de la recuperación. Finalmente pude tener a Camila en mis brazos. ¡No podía creer en ese momento que esa bebita tan preciosa era mi hija! Definitivamente, era una de las mejores sensaciones del mundo. Recuerdo ver a toda mi familia, la de mi esposo, así como a unos amigos presentes, llorando por lo emotivo que era aquel momento.

Ser mamá, sin duda, había sido lo mejor que había experimentado en la vida. Imposible olvidar aquella primera noche con ella. Cada vez que lloraba, mi esposo la alzaba y me la pasaba para que le diera de comer. Fue una noche agotadora, pero llena de sonrisas y de lágrimas de emoción.

La primera semana de Camila fue un poco extenuante. Ella lloraba constantemente y, al principio, el tema era descifrar por qué, ya que las posibilidades eran muchas. Las noches eran eternas. Entre el momento en que la alimentaba y el de tratar de sacarle el cólico, estábamos más de una hora. Al principio, Cami dormía muchísimo. Entonces, yo tenía que despertarla para lograr que comiera y que el azúcar no le bajara.

> *Ser mamá, sin duda, había sido lo mejor que había experimentado en la vida.*

A sus veintidós días de vida, empecé a notar que sus párpados brincaban y, cada vez que esto le pasaba, ella lloraba mucho. En una ocasión, localicé a mi esposo en el trabajo y le mencioné lo que estaba pasando. Las dudas seguían e, impulsada por mi instinto materno, contacté también a varios doctores amigos nuestros, inclusive al pediatra de Camila, pero nos decían que esto era normal, que no nos preocupáramos. En una de las consultas que hicimos con su pediatra, nos explicó que, en su opinión, Cami tenía convulsiones, pero que debíamos verificar si estaba en lo correcto haciéndole dos exámenes: un electroencefalograma y un ultrasonido de cabeza.

Mientras le realizábamos estos exámenes, yo lloraba de la desesperación de solo imaginarme que mi hija estaba enferma. Con estas pruebas pedimos una cita con una neuróloga pediatra para que analizara los resultados y nos comunicara finalmente qué le pasaba a nuestra hija.

Recuerdo que llegamos a la cita muy nerviosos. La doctora revisó los resultados. Observó a Camila varias veces y nos explicó: «Lo que su hija tiene se llama mioclonía del sueño. Son movimientos involuntarios que irán disminuyendo por completo. No se preocupen». Los resultados de los exámenes nos dieron mucha paz y, poco a poco, estos movimientos comenzaron a desaparecer. Pensábamos que finalmente estábamos viendo la luz. Sin embargo, Cami continuaba llorando fuerte y constantemente. Pensábamos que esto se debía a los famosos cólicos, razón por la que dejé de comer todo tipo de alimentos que podían hacer que le provocara cólicos a través de mi leche. Pero la lucha seguía… John y yo no dejábamos que llorara. Nos dolía el alma escucharla así. Entonces, decidimos que uno de los dos la cuidara toda la noche. Nos turnábamos las horas, porque era imposible cuidarla una sola persona las veinticuatro horas del día. Y el tiempo transcurría… Cami se ponía más linda cada día. Sus pestañas habían crecido y para mí, eran las más bellas del mundo.

*Mientras le realizábamos estos exámenes,*
*yo lloraba de la desesperación de solo imaginarme*
*que mi hija estaba enferma.*

Ya estábamos en Semana Santa, y Cami comenzó a realizar unos movimientos un poco extraños, a mi entender. Me preocupé bastante y pensé visitar al doctor nuevamente. Pero, cuando llamaba por teléfono a diferentes doctores, todos me aseguraban: «Lo que usted describe es normal». El martes de Semana Santa, no aguanté más, y fui a ver al pediatra de Camila. Las personas me comentaban: «Su bebé es una chineada; por eso es que llora tanto». El doctor la tuvo alzada por un buen rato y, cuando la empezó a examinar, nos comentó: «Hay algo en Camila que no me gusta. Creo que es hipotónica (un tono muscular menor que el normal)». En ese momento, empezó a repetir varias veces lo mismo y se comunicó con el Hospital de Niños, con el fin de poder internarla para realizarle varios exámenes que nos iban a dar una idea de lo que le pasaba a nuestra hija.

Al escuchar esas palabras, comencé a llorar desconsoladamente, como si Camila hubiera partido. No quería bajo ninguna circunstancia ingresar a mi hija al Hospital de Niños. Mi esposo, para calmarme, me decía que solo eran exámenes y que, probablemente, ni siquiera la dejarían internada. Mis papás, que siempre han sido de gran apoyo para mí, se encontraban en el extranjero. Empecé a buscar los números de teléfono y los llamé para contarles la noticia.

Mi papá me alentaba: «Mi amor, Camila está sana, no se preocupe. Va a ver que todo está bien».

******

Algo dentro de mí empezó a sufrir desde ese día. El 6 de abril de ese año, nos fuimos bien temprano con la gran esperanza de que estos exámenes iban a ser rápidos y de que no íbamos a tener que dejar a Camila en ese lugar. La doctora a cargo de Medicina 4 (lugar en donde hospitalizaban a los bebés de 15 días a 3 meses) la chequeó y nos dijo que ella también la veía hipotónica. Entonces, prefirió internarla para hacerle los exámenes del caso. Me acuerdo de que ella nos advirtió: «Si ustedes quieren lo mejor para su hija, entonces hay que internarla». Esas palabras me quitaron el aliento, y empecé a llorar de nuevo sin consuelo alguno. En mi mente se mezclaban muchos pensamientos. No quería dejarla, pero pesaba más el bien y lo que necesitaban hacerle para que ella mejorara. Me decía constantemente que tenía que ser fuerte para mi hija, pero era casi imposible.

Las enfermeras llegaban a consolarme y me repetían: «Mamá, el primer día aquí es difícil, pero va a ver que todo va a estar bien». Una doctora amiga entró en ese momento a acompañarme y me dio un poco de paz a pesar de mi angustia. La doctora nos aseguró que la internación de Cami iba a ser por dos o tres días, como máximo. Yo me hice esa idea pero, conforme pasaba el tiempo, la estadía de mi beba se alargaba más. Los doctores solicitaban cada vez más exámenes para confirmar su diagnóstico.

> *Algo dentro de mí empezó*
> *a sufrir desde ese día.*

John y yo nos volvimos a turnar para cuidar de nuestra hija en el hospital para que ella nunca estuviera sola. En uno de los días en que me encontraba en la casa de mi mamá descansando, John llamó, su voz sonaba un poco mal. Me dijo: «Mi amor, Camila tiene un problema en el corazón». Yo le respondí: «Mi amor, no te preocupes, ella va a estar bien». Cuando le di el teléfono a mi mamá, me fui a un cuarto y lloré sin parar por un buen rato. Gritaba de la desesperación. Grande era mi frustración. Me sentía incomprendida, sin la posibilidad de que nadie pudiera ayudarme y, como madre, con las manos atadas para poder hacer algo por ella. El diagnóstico decía específicamente que su corazón no tenía soplos ni nada por el estilo, pero que era más grande de lo normal y requería un trasplante. Desde ese día, mi esposo quedó traumado y evitó regresar al hospital. No toleraba estar ni un minuto más ahí. Era una tortura completa.

Los doctores la medicaron para tratar el problema de su corazón y los impulsos del cerebro. Además de los medicamentos que le dieron, nos dijeron que, cuando ella se retorcía, lo que se producía no eran cólicos, sino movimientos distónicos o convulsiones. En otro examen que le habían realizado, apareció una malformación en el cerebro, lo que complicaba aún más el cuadro de nuestra hija.

«¿Qué más puede pasar, mi amor?», me expresaba John. Y los dos nos quedábamos callados. Mi esposo añadía: «Tengo miedo de que nos digan que Cami se va a morir». Yo respondía siempre: «Ay, mi amor, ¿cómo se te ocurre? Tú, tranquilo, que de esta salimos».

Durante los diez días que Cami estuvo internada en el hospital, una gran red de personas nos ayudó a cuidar a Cami día y noche para que ella nunca estuviera sola: mi mamá, mi suegra, mi hermana, mis cuñadas y amigas de la familia. En el proceso de estos días, sabía lo afortunada y amada que era Cami. Contábamos con tantas personas que llegaban al hospital… nos llevaban almuerzos, cenas. Nos apoyaban en nuestra preocupación. El hecho era que, prácticamente, era lo único que las personas cercanas a nosotros podían hacer. En las noches, amigos de mis papás iban a orar por nosotros y todos decían que Camila iba a estar sana. Recuerdo que yo les expresaba: «No quiero ser pesimista, pero ¿han pensado que Dios, si quiere, se la puede llevar?». Ellos no me contestaban nada pero, en mis adentros, sabía que esta era una posibilidad.

> *En el proceso de estos días, sabía lo afortunada*
> *y amada que era Cami.*

Pasados los diez días de internamiento, llegaron muy buenas noticias para mi bella Cami. ¿Cómo no recordar aquel famoso jueves, cuando los doctores me anunciaron: «Mamá, le vamos a dar el alta de salida hoy a Camila, porque la vemos mucho más estable»? No puedo describir la emoción que sentí. Ese día hubo fiesta en mi casa. Todos esperaban verla de nuevo. Mientras salíamos del hospital, mi esposo, con Cami en brazos, y yo a la par, llorábamos sabiendo que ese era el final de un capítulo amargo y que entonces sí podríamos disfrutar como la familia que éramos, los tres juntos otra vez. Al llegar a casa, tratamos de llevar la vida normal que teníamos, pero empezamos a obviar las rutinas, lo que desestabilizó un poco a nuestra bebé. Al ver este descontrol, volví a los horarios que en los diez días de internación había aprendido con las enfermeras, y vi así un resultado positivo en Cami. Pero también, al estar en casa, vivenciamos el gran cansancio que nos demandaba el cuidado que nuestra hija necesitaba. Por eso, hicimos turnos entre mis papás, mi esposo y yo para tratar de tenerla en brazos y cuidarla la mayor parte del tiempo.

Un día antes de cumplir una semana en la casa, Cami empezó a convulsionar cada diez minutos. Era algo desesperante para mí, por lo que llamé a una amiga doctora que trabajaba en el Hospital Nacional de Niños y le expliqué la situación llorando. Ella me preguntó: «Raquel, ¿tú quieres a Cami?». Yo le contesté que sí, obviamente. «Tráela al hospital lo antes posible», me pidió.

Una vez más, aquella angustia se apoderó de mi corazón. Yo gritaba desconsoladamente mientras alistaba a mi única bebita para llevarla al lugar que más odiaba en la vida. Llamé a mi hermana, y nos fuimos al hospital. En cuanto llegamos, la internaron. Para que dejara de convulsionar, le dieron un calmante bastante fuerte. Esto hizo que ella estuviera sedada por más de un día. Para este punto, le pedí a mi hermana que la cuidara ella, porque ya no toleraba el dolor de volver a estar en aquel hospital. Me sentía impotente. Ya era demasiado.

*Una vez más, aquella angustia se apoderó de mi corazón.*

Ese día me dijeron que iba a permanecer en el hospital unos días. Camila pasó dormida casi dos días seguidos. Le dábamos leche por sonda, y comenzó a levantar fiebre alta. Todo su cuerpo se brotó. Continuaban haciéndole exámenes, y todo salía negativo, por lo que las doctoras que tenían a cargo su caso nos llamaron a una reunión. John ya había entrado a trabajar. Les dije a las doctoras a cargo de Camila que iba a ser un poco difícil que él asistiera, pero nuevamente ellas insistieron que él estuviera.

Recuerdo que, el viernes 23 de abril por la mañana, mi esposo, mi mamá y yo llegamos a la reunión. Las doctoras comenzaron a hablar y dijeron las palabras que ningún padre quisiera escuchar en su vida: «Camila tiene una enfermedad que no tiene nombre ni apellido. La bebé tiene dos miembros vitales comprometidos: el corazón y el cerebro, y no podemos saber a ciencia cierta cuánto tiempo va a durar, si serán meses, o años, pero ella va a morir». Nos dieron un tiempo para procesar aquella noticia, pero nuestra reacción fue el silencio. Era muy difícil lo que estábamos escuchando. Mi única petición de aquella reunión fue que me permitieran ir al hospital acompañada de alguien más, ya que allí solo se le permite estar a una persona con el hijo. Y, debido a la gravedad de mi beba, accedieron.

> *«Camila tiene una enfermedad que no tiene nombre ni apellido».*

Ese mismo viernes por la noche, mientras Camila estaba en el hospital, recibí un consejo tan sabio de una enfermera que hasta el día de hoy se lo doy a las personas que me piden ayuda. Me encontraba llorando encima de Camila —que continuaba sedada— cuando la enfermera me dijo: «Mamá, no deberías lamentarte más (por lo menos frente a ella), porque se está dando cuenta, y eso no es bueno. Mi recomendación es que la disfrutes. Dale todos los besos que puedas, dile cuánto la amas, lo que significa para ti y que ella pueda sentir tu amor, y no tu dolor». Desde ese día, cuando llegaba a estar con ella hasta que me iba, le hablaba sin parar, le decía lo hermosa que era, la olía y disfrutaba mucho de tenerla cerca.

Los siguientes días fueron muy difíciles para todos. Cada día que llegaba al hospital, la veía conectada con nuevos aparatos, sondas, que me imposibilitaban poder abrazarla y tenerla en mis brazos. A esta agonía se le sumaba el hecho de ver al psicólogo que asignan a los padres para que puedan estar preparados para la muerte de su hijo. ¡Qué difícil! El tiempo empezaba a transcurrir, y yo seguía visitando a Camilita la mayor parte del día, con amigas muy cercanas o con mi familia. El miércoles de esa misma semana, en la noche, Cami empezó a tener muy poca oxigenación. Las enfermeras me dijeron: «Contacte a toda su familia: ella se está muriendo». Llamé desesperada y, en menos de treinta minutos, llegaron todos y se quedaron afuera esperando.

Mi esposo y mi mamá subieron al cuarto. Cuando Camila escuchó a John, su corazón empezó a latir con normalidad, y su oxigenación se normalizó. Aquella noche nos permitieron estar los tres, y pensé: «Ay, Camilita, nos pegaste un susto...».

Jueves 29 de abril. Esa mañana nos fuimos los tres a la casa. Mi suegra la cuidó durante todo el día mientras yo me bañaba y descansaba un poco. A las siete de la tarde llegué al hospital para darle la leche por sonda. Una amiga cercana que me acompañó y esa noche se quedó con Camila mientras yo salí a cenar fuera del cuarto. Cuando entré, le dije que me diera a Camila para hacerle unos masajitos para que pasaran esos cólicos que tenía. Empecé a golpearle suavemente la espalda, cuando detecté que tenía que cambiarle el pañal. Al ponerla en la cuna para cambiarla, noté que su pecho no se movía. En ese momento me asusté y, entonces, metí mi nariz en su boca para ver si respiraba. En ese mismo instante, ella me dio su último suspiro y se fue.

Sabía que había muerto. Con cautela busqué a una enfermera de turno, y le advertí que recogiera el cuerpo de Camila con mucho cuidado, porque había otras mamás en el cuarto con sus hijos, y ver morir a un niño sería traumático para ellas. Creo que aquí nació en mí la empatía especial por los padres que viven un dolor al ver sufrir a sus hijos. Salí de ese cuarto como si nada hubiera pasado. Me senté en una banca mientras veía cómo recogían su cuna y la alistaban. En este momento, me comuniqué con mis familiares y amigos para pedirles que fueran al hospital.

> *En ese mismo instante,*
> *ella me dio su último suspiro y se fue.*

Lo primero que hice fue marcar el teléfono de la casa de mis papás. Mi hermano contestó. Le insistí en que llegara rápido al hospital. Luego busqué a mi hermana, y me di cuenta de que tenía que decírselo a John. Cuando pude decírselo, no podía creerlo, pero lo importante en ese momento era que todos acudieran al hospital. Las enfermeras me preguntaban: «Mamá, ¿quiere alzarla por última vez?», pero me rehusé a hacerlo. Sabía que ese recuerdo me atormentaría toda la vida, y preferí quedarme con los recuerdos de haberla tenido en mis brazos, con vida. Toda mi familia y la de mi esposo quiso ver el cuerpito de nuestra hija sin vida. Para ese entonces todavía no había podido llorar. Al salir, tarareé la canción que siempre le cantaba. Pude soltar allí algunas lágrimas, pero mi estado de shock ganaba.

Mucho antes de que esto pasara, comencé a pensar en esta posibilidad; por eso ya le había comentado a mi familia cómo quería que sucedieran las cosas, desde qué ropa ponerle hasta cada uno de los detalles que quería en el funeral. Yo quise que únicamente mi familia y la de Jonathan fueran a enterrar el cuerpito de Cami. ¡Qué momento más duro! Antes de hacerlo, le pregunté a mi mamá si me dejaba cortarle aquellas hermosas y largas pestañas para conservarlas siempre, pero ella respondió: «Mi amor, déjala ir», y entonces me acosté encima del ataúd. Creo que me dormí por un lapso, mientras todos estaban alrededor, pero llegó el momento cuando dije: «Ya es hora». Me puse de pie y me fui con Jonathan al carro. No vi cuándo sepultaron el cajoncito, ni cuándo le echaron tierra. De lejos veía a mi familia llorando, pero no quise estar ahí.

Ese mismo día, por la tarde, hicimos un servicio conmemorativo. Recuerdo que mi papá llamó a Gabriela Ortiz, una amiga nuestra que, al igual que yo, había perdido a su hija. Esta bebita había fallecido hacía seis años y también se llamaba Camila. Gabriela fue quien dio las palabras que calaron en mi corazón en ese momento. Al estar allí, pedí que por favor nadie se me acercara. Me encontraba tan cansada (por haber dormido en una silla de hospital veintidós días seguidos), con tanto dolor a nivel emocional que creía no aguantar ni un solo abrazo, ni un «Lo siento mucho».

Tuvimos el privilegio de tener a nuestra Camila dos meses y veinte nueve días con nosotros. Y cierro este capítulo con el texto que pusimos en su lápida:

*Camila Chaves Vargas, 1 de febrero del 2010 - 29 de abril del 2010.*
*Nunca olvidaremos tus bellos ojos; nos vemos en casa, pequeña campeona.*

# TRANSFORMANDO
*el dolor en amor...*

1. ¿Qué luz se apagó en tu vida?
   .................................................................................
   .................................................................................
   .................................................................................

2. ¿A quién extrañas? ¿Por qué?
   .................................................................................
   .................................................................................
   .................................................................................

3. ¿Cómo crees que marcó tu vida esa persona?
   .................................................................................
   .................................................................................
   .................................................................................

MIS MEMORIAS

*Nuestro noviazgo*

DICIEMBRE, 2004

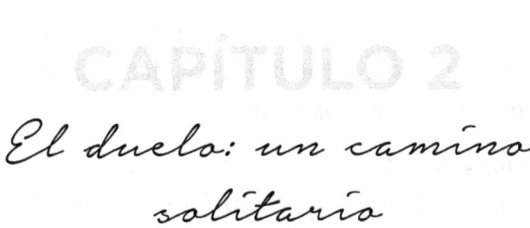

## CAPÍTULO 2
## *El duelo: un camino solitario*

El duelo es el proceso de adaptación emocional que sigue a cualquier pérdida (de un empleo, un ser querido, una relación, etc.). Según la psiquiatra Elisabeth Kübler-Ross, el duelo se da por etapas, que estaré mencionando durante este capítulo.

El primer momento del duelo es el shock, esa parte donde no logramos comprender qué pasó. Dentro de esa **primera etapa, nos enfrentaremos con la negación**. Al no aceptar lo que nos está sucediendo, el dolor de noticias tan fuertes se amortigua, aunque eventualmente caemos en la realidad y nos damos cuenta de que aquella persona a la que tanto amábamos ya no está. Siempre me pregunté por qué la gente se ve «tranquila» cuando alguien amado muere, y la respuesta es que es debido el estado de shock que atraviesan.

Al momento de morir Camila, decidí no verla más. Mi bebé murió en mis brazos. No pude vestirla, ni verla en el ataúd. Mi papá y mi hermana se encargaron de ese momento. Recuerdo haberme sentado en una silla fuera del cuarto donde estaba su cuerpo y llamar a cada uno de mis amigos muy tranquila avisando: «Ya se fue». Tiempo después me comentaron: «Raquel, es que nos llamaste y sonabas como otra persona. Tenías una paz…». Pero yo estaba atravesando una negación absoluta de lo que estaba viviendo; tal vez estaba ahí, pero mi mente estaba completamente cegada, para no sufrir. Incluso, semanas después, me costaba llorar, a diferencia de John. Hasta el día de hoy, a veces me digo: «No puede ser que nos pasó esto, nunca, nunca me imaginé enterrando a un hijo mío, ¡jamás!». Mi estado de shock duró tres semanas. Después empecé a sentir lo que realmente me había pasado. Cami no estaba, y mi llanto era constante; no podía parar. Y no sé por qué, pero no me gustaba llorar en frente de nadie, aunque tenía todas las justificaciones para hacerlo: mi hija ya no estaba. Me sentía abrumada por todo, por las preguntas no apropiadas, por mis propias reacciones, así que usualmente recurría a la soledad, porque allí se percibe una cierta seguridad, pero también aislamiento.

**La segunda etapa es la ira,** la rabia. Entonces surgen las preguntas: «¿Por qué yo?», «¿por qué mi hija?», entre otras. Es aquí donde nos quejamos de todo, justa o injustamente, y por ese dolor que padecemos, las personas que atraviesan la pérdida de un ser querido suelen tratar mal a los que los rodean. Creo que este período fue el que viví con mayor intensidad. Me molestaba ver a la gente sonriendo, feliz, que seguía con su vida, y yo no podía. Solo después de haber podido identificar estas diferentes fases, logré entender el porqué de mi comportamiento. Me frustraba el hecho de estar viviendo esta pérdida ya que siempre trataba de ser una hija buena y de no fallarles a mis papás, ni a Dios. Los cuestionamientos son infinitos, y ninguno parece tener respuestas claras, mucho menos en una mente abrumada y un corazón dolido. Pero sí tuve algo en claro en esta etapa: mi esposo John era el único que literalmente sentía lo mismo que yo. Entonces traté de direccionar mi enojo hacia otro lugar y no afectarlo a él. No quería hacerle daño. Los dos —a pesar de que vivir de una manera diferente el duelo— sabíamos que estábamos demasiado frágiles y que debíamos cuidarnos y resguardar nuestro corazón, para no recibir más heridas, ya que estábamos muy frágiles. Por supuesto, el enojo más fuerte era contra Dios, porque no había hecho nada para que Camila viviera. Es difícil entenderlo en un momento así, pero Él sabe lo que hace.

Esta mezcla de emociones nos lleva a **la tercera etapa: la negociación,** donde se intenta llegar a un acuerdo para tratar de superar lo vivido. Para salir de un dolor tan grande, el aliado número uno es Dios. Aunque Él no sea la persona favorita en ese momento; solo Él nos puede ayudar a salir del hoyo en el que estamos. Recuerdo que ni le podía hablar. Y, cuando lo hacía, le pedía que tuviera misericordia de nosotros, porque era demasiado el dolor, y a veces pensábamos que íbamos a morir. Fue una etapa muy compleja.

El tiempo transcurre, pero el dolor no cesa y es así como te toca atravesar otra etapa, otro proceso, una tremenda angustia, en la que ya no puedes seguir negando la realidad y puedes estar al borde de caer en **la cuarta etapa: una profunda depresión.** Creo que, en nuestro caso, John cayó en la depresión desde el principio, y yo me quedé estancada en la ira (esto depende también del carácter de cada persona). Aunque trataba de animar a John con algo que le gustaba, nada resultaba. Para él, la vida había perdido por completo su sentido. Era difícil caminar, hablar, compartir, escuchar. Se trata de un malestar general y permanente.

*Los cuestionamientos son infinitos,
y ninguno parece tener respuestas claras.*

Lo que aprendí de esta faceta del proceso es que debíamos permitirnos vivir y sentir esa ausencia. El poder hacerlo sería lo que nos posibilitaba salir de ese pozo. Al partir un ser querido, muchas personas comienzan a trabajar obsesivamente, tratando de sustituir ese vacío con algo que los mantenga ocupados, pero lo único que se logra al hacerlo es postergar ese duelo y, a la vez, lo hace mucho más doloroso. Es imposible no estar triste, no extrañar, no recordar. ¡Simplemente es imposible! Por eso, a pesar de que las personas que nos aman quieren sacarnos de ese proceso y de que esto pase rápido, el mejor consejo es permitirles a las familias dolientes que puedan vivir ese dolor. Reprimir o tratar de que no haya tristeza, en realidad, no es de ayuda. Yo traté siempre de decir cómo me sentía, lo que quería que hicieran y lo que no, para que conocieran mi corazón, y traté de elegir a aquellas personas que verdaderamente quería que me acompañaran.

La pérdida de un ser querido es un proceso y, como tal, para superarlo, antes tenemos que atravesarlo. Solo cuando lo puedes cruzar se llega a **la quinta etapa: la aceptación.** Guardé toda la ropa de Camila por más de cinco años (más adelante les contaré por qué). Cuando veía su ropita sin usar, con las etiquetas aún puestas en la prenda, pensaba cómo era posible que la ropa estuviera, y ella no. Esto es parte de aceptar que la persona ya no está, de recordar con paz y tranquilidad. Sin embargo, al llegar a este punto, la gente suele confundir paz con felicidad, pero no lo es. Simplemente, el doliente trata de adaptarse a esa nueva realidad que enfrenta: su ser querido ya no está. Debe volver a construirse y formar una nueva vida sin ese ser amado, aunque su recuerdo viva en su corazón para siempre. En esta instancia, el dolor comienza a menguar; la paz que sobrepasa todo entendimiento comienza a nacer, y los miedos que aparecieron en el momento de la pérdida comienzan a desvanecerse. De a poco, la vida comienza a estabilizarse, y la soledad ya no nos atormenta… Todo este proceso nos llevará un tiempo, hasta que estemos listos para dar un paso más y estemos preparados para pasar al **tiempo de la esperanza.**

Al poco tiempo de que Camila había fallecido, muchas personas me aseguraban: «Raquel, vas a ver que Dios te va a regalar otro bebé». En ese momento, era el peor comentario que podían hacerme. En mi interior pensaba: «No quiero otro bebé, quiero a Camila». Pero era muy común escuchar estas palabras. A las primeras personas que me hicieron dicho comentario les respondía: «No quiero volver a ser mamá nunca, para no volver a sufrir». Obviamente, después de haber pasado por todas las etapas, surgió en mí una necesidad grande de ser mamá. De esa esperanza me tomaba día y noche. Me acostaba pensando y me levantaba soñando.

Gracias a Dios, todo tiene su tiempo y todo tiene su hora. Hubiera querido quedar embarazada antes del momento en que me enteré de que volvería a ser madre pero, quizás, esa nueva vida hubiera sufrido todo el dolor por el que estaba pasando. En esta etapa también experimenté el reunirme con otras mamás en las mismas condiciones, y ver cómo ellas habían salido adelante me llenó de expectativas, me devolvió mis sueños.

## TODOS VIVIMOS EL DUELO DE MANERA DISTINTA

Al finalizar el *memorial* de Camila, se acercó un orientador familiar que me había ayudado en ocasiones anteriores y nos dio una clave muy importante para sobrellevar este duelo. Él nos dijo: «Raquel y John, recuerden que el duelo lo van a vivir de manera muy diferente los dos. Les aconsejo que se tengan mucha paciencia». Esas palabras fueron clave en la vida matrimonial.

Los primeros días después de la muerte de Cami, entraba al cuarto y veía llorando a John; pero en ese momento yo no sentía ganas de llorar. Entonces, aparecía la culpa en mi corazón. Pensaba que probablemente no la había querido lo suficiente, y por eso no sentía ganas de llorar. Pero me acordaba de lo que me había dicho este señor y comprendía que cada uno de nosotros vivíamos este dolor de manera diferente.

Muchas veces vamos a querer que nuestro cónyuge, hermanos o familia, se sienten y reaccionen igual que nosotros, pero esto será imposible, ya que somos personas distintas, aunque compartamos el mismo dolor. Como padre o madre, el duelo de perder a un hijo nos hace pensar que ningún otro familiar vivirá este dolor tan profundo como nosotros, ya que somos los que llevamos la peor parte. Al pensar así, recuerdo que le dije a mi mamá varias veces que ella tenía a todos sus hijos vivos y que nunca me entendería. Ahora, creo que su dolor era doble: por verme llorar desesperadamente y por haber perdido a su nieta, a la que con tanto amor había esperado. Los abuelos, los padres, los tíos, los hermanos, todo el núcleo familiar es afectado de manera considerable. Creo que ninguna persona está educada correctamente sobre cómo reaccionar frente a la pérdida de un ser querido. En tantas ocasiones, he podido ver a padres, inclusive familiares reclamándoles a las abuelitas, o a los tíos del niño o de la niña, por qué siguen llorando un mes después, sin entender qué significa reponerse de un golpe tan significativo. El duelo no tiene fecha límite; solo aquellos que han perdido una parte de su corazón podrán comprender lo que se está viviendo.

Continuar con la vida como si nada hubiera pasado después de la pérdida de aquellos a quienes amamos, no es nada fácil. Las celebraciones de las distintas fechas (Día del Padre, Día de la Madre, Día del Niño, Navidad, cumpleaños) son días en los que el vacío pareciera incrementarse, en los que la pérdida se agiganta, incluso cuando somos conscientes de que, seguramente, allí, con Dios, están mucho mejor. Luego de la pérdida de Camila, he escuchado tantas historias de madres que, como yo, lidiábamos con el recuerdo y con la pérdida de nuestros hijos... A veces, podemos reaccionar de la misma manera y, en otros casos, totalmente diferente. Por ejemplo, cuando llegué a casa luego del hospital, pedí que las cosas de mi hija estuvieran guardadas. No podía verlas, era demasiado. En otros casos, escuché que algunos familiares se habían encargado de guardar todo sin preguntar, sin haber consultado a los papás. Por eso es clave preguntarles a los padres, o a los familiares de ese ser querido que partió, de qué manera pueden ayudar y luego respetar sus decisiones. Hasta el día de hoy, agradezco tanto que ni mi familia ni la de John tomaron las riendas de nada... siempre nos preguntaron y respetaron nuestras decisiones, sin cuestionarnos.

En nuestro caso, guardé cada vestido, zapato, pijama, que le regalaron a Cami por un buen tiempo, como les conté anteriormente. No me sentía lista para regalarla. No perdía la esperanza de que algún día me convirtiera en mamá de una niña otra vez y poder vestirla con todo lo que Camila no había usado.

Estaba segura de que, llevando mi proceso día a día, sin presionarme de ninguna manera, llegaría el momento de poder decidir qué hacer con sus pertenencias. Cada persona tiene su manera de vivir ese duelo. Algunos sienten alivio al hablar de ese ser querido. A John no le gusta hablar del tema, pero yo siento paz cada vez que hablo de ella, porque la recuerdo. Dada esta situación, llegamos a un acuerdo: que yo hablara de ella cuando John no estuviera porque, si no, chocábamos con esto, y él se vería muy afectado.

## EL VACÍO

Un aspecto difícil de manejar fue el vacío que nos dejó Camila. ¡Qué duro era ser una familia de tres miembros y pasar ahora a ser una de dos! Al salir del cementerio, John me dijo: «Acabo de enterrar mis ilusiones, mis sueños, mis anhelos. Siento que me quedé sin nada». Era comenzar de cero, aunque no se quisiera ni se tuviera un hilo de fuerzas. Una semana después de su muerte, empecé a sentir una necesidad tan grande de *chinear*, acurrucar, abrazar y amar a un bebé que experimentaba mucha desesperación y frustración. Cuando el corazón de una mujer se convierte en corazón de madre, nunca más vuelve a ser el mismo. Yo sentía la necesidad de ejercer mi papel de mamá, pero no tenía con quién hacerlo. Para ese entonces, mi sobrino Mateo tenía dos años. Creo que Dios lo puso en mi camino para consolar mi corazón. A veces solo se me acercaba, me abrazaba, y me agarraba la cara y me decía: «Tía, te amo». En otras ocasiones, me veía llegar a la casa, y me invitaba: «Tía, veamos fotos de Cami». Cuando veíamos las fotos, él se expresaba: «Tía, Cami sí era linda», y apreciaba tanto que alguien se acordara y la extrañara tanto como yo...

## HAZ LO QUE SEA NECESARIO PARA SALIR ADELANTE

Esto también es una parte importante del duelo. Por un tiempo, decidimos cambiar de ambiente. Creo que las constantes preguntas por Camila, por parte de personas que no se habían dado cuenta de su muerte, eran muy difíciles de manejar. Era muy duro ver a los que nos rodeaban continuar con su vida; me sentía en un abismo. Así fue cómo John y yo decidimos alejarnos de todo, aun cuando sabíamos que nadie nos había hecho daño, pero el poder tomar distancia nos hacía sentir mejor. Puede ser que este no sea tu caso.

Doy gracias a Dios porque pudimos alquilar nuestra casa, e irnos a alquilar otra, para así no tener que estar lidiando con el cuarto de la bebé, ver la casa y recordarla en cada esquina. Algunas resoluciones posteriores a la muerte de Cami las pudimos tomar con calma. Sí, quisiera compartirte que ciertas determinaciones que tomamos fueron apresuradas, y otras resultaron en desaciertos. En algún lado escuché que no se deben tomar decisiones en un momento de crisis, sino dejar que pase el momento más crítico para decidir, y así es.

## RECUERDA QUE ES UN PROCESO

La mejor descripción del proceso del duelo con la que pude identificarme a la perfección es la montaña rusa. A veces estamos tranquilos, aceptando la realidad. A veces nos sentimos demasiado deprimidos. Otras, nostálgicos. Tal vez un día lo comenzamos bien, pero solo un recuerdo, o algún objeto, un juguete, una ropita del hijo en la casa hace que sintamos que el mundo se nos cae. Respecto de este tema, camino al hospital, mi esposo y yo siempre escuchábamos una canción. Esta melodía se convirtió en la pesadilla más grande de mi vida, porque me remontaba a esos momentos de desesperación al ver a Camila sufrir. Por otro lado, en una ocasión —ya después de fallecida mi hija—, fuimos a un lugar a comer. Estábamos allí varias personas y, cuando fue mi turno para pagar, saqué el dinero de un compartimento de mi chaqueta y encontré allí una media de Cami... Todos se quedaron sin habla; yo solo la vi, la olí y volví a meterla en el bolsillo. Al día de hoy, todavía esa mediecita está en esa chaqueta y, cada vez que la encuentro, me acuerdo de ella con nostalgia, pero es algo lindo para mí. Existirán días en que te sientas mucho peor que al principio, y la sensación consecuente es que no has avanzado. Pero es también parte del caminar. Eso quiere decir que, a pesar del dolor, a pesar de ti mismo, estás avanzando. Sobreponernos a estos días nos hace más fuertes y nos ayuda a caminar una milla más.

## HABLAR

El hablar sana, libera todo aquello que estamos reprimiendo. A veces me daba vergüenza llorar, por sentirme juzgada o, simplemente, porque sabía que los que estaban a mi alrededor iban a sentirse afectados también, o incómodos. Si estás leyendo este libro y sabes de alguien que está pasando por este proceso, o de un familiar que está atravesando este dolor, escúchalos. Simplemente préstale tu oreja porque, al poder desahogarse y hablar de su ser amado, al recordarlos, podrá poner en palabras ese dolor y sobrellevar el duelo de una manera sana.

Desde hace algunos años, tengo el privilegio de dirigir, junto a diferentes psicólogos, un grupo de duelo. ¡Qué experiencia tan enriquecedora y liberadora a la vez! Todos hablamos, nos consolamos unos a otros, lloramos, drenamos los sentimientos, y esto nos genera sanidad en el alma. En este proceso es vital no encapsularse. Es indispensable que hables, que te desahogues, aunque sea solo con una persona. Tal vez los que te oyen nunca han pasado por eso pero, solamente escuchándote, podrán tratar de entender lo que estás viviendo. Para muchos, el desahogo se vuelve algo más que hablar. En mi caso, cuando ella murió, sentí una necesidad de escribir esta experiencia porque me ayudaba a procesar lo que estaba viviendo, y hasta el día de hoy creo que me sigue ayudando.

A los veintidós días de la pérdida de Camila, del Hospital Nacional de Niños nos invitaron a participar de un grupo de duelo para padres, al que asistimos mi mamá, John y yo. Ese día llegó una señora, madre de un joven que había partido hacía varios años; pero su reacción era como si se acabara de morir. En un momento, ella expresó: «Pienso que hubiera sido mejor que se muriera mi esposo, o cualquier otro hijo, ¡pero no! Se murió el hijo que más amaba». Aquella noche, esas palabras se quedaron en mi corazón. Lo que podía escuchar, lo que expresaban esas palabras era amargura, frustración y, lejos de habernos afectado, John y yo tomamos una decisión. Ese día decidimos tomar la mejor actitud para poder salir adelante. Esa noche, el panorama se volvió tan claro en nuestras manos... sabíamos cómo queríamos que la vida continuara.

En el transcurrir de la vida, enfrentaremos situaciones en las cuales no podemos hacer ABSOLUTAMENTE nada, y lo único que nos queda es enfrentarlas, aceptarlas, pero siempre tomados de Dios.

# TRANSFORMANDO
*el dolor en amor...*

1. ¿En qué etapa del duelo te encuentras? ...................................
   ..............................................................................................
   ..............................................................................................
   ..............................................................................................

2. ¿Hay alguna etapa de la que sientes que no has podido superar? ¿Por qué? ..............................................................
   ..............................................................................................
   ..............................................................................................
   ..............................................................................................

3. ¿Cuál es el sentimiento que está más presente en tu proceso de duelo? ...........................................................................
   ..............................................................................................
   ..............................................................................................
   ..............................................................................................

4. ¿Cuál es el vacío más grande que sientes en este momento? ........................................................................................
   ..............................................................................................
   ..............................................................................................
   ..............................................................................................

# MIS MEMORIAS

*Nuestra Boda*

17 DE JUNIO, 2006

## CAPÍTULO 3
## Cuando Dios parece el culpable

Empezamos a pedirle a Dios que sanara a nuestra hija cuando ella —de 22 días— lloraba cada vez que sus párpados le saltaban. Creo que ningún papá se imagina que su hijo o hija va a tener complicaciones de ningún tipo a medida que crece. Siempre pensé que aquello con lo que máximamente iba a lidiar serían caídas, quebraduras de hueso (siendo algo exagerada), pero jamás con una enfermedad tan grave como la de Camila. Provengo de una familia que cree firmemente que hay un Dios en el cielo, que está vivo y que todavía hace milagros, por lo que, desde el principio, viendo que Cami lloraba mucho, empezamos a orar por ella.

Cada vez que llamaba a mis papás o a mis suegros para darles una mala noticia de nuestra hija, ellos decían que no nos preocupáramos, que ella estaba sana. Recuerdo que mi esposo, en este proceso, me decía: «Mi amor, vamos a escribir un libro donde salgan los exámenes de Camila cuando estaba enferma y también los otros exámenes de cuando Dios la sanó».

Si hablamos específicamente de la fe, su definición, según la Biblia, es la certeza de lo que se espera, la convicción de lo que no se ve (Hebreos 11:1, RVR 1995). Extrañamente, desde que me dijeron que la íbamos a internar, yo comencé a llorarla, como si supiera que nos quedaba poco tiempo juntas.

Recuerdo verlos a todos tan tranquilos porque confiaban plenamente en que ella no tenía nada y que eran solo exámenes de rutina. Desde que ingresó la primera vez al hospital, muchas personas llegaban a la casa de mis papás para fortalecernos con palabras de aliento y esperanza. Pero siempre me preguntaba en mi interior: «¿Qué pasa si Dios se la quiere llevar?».

Cierto día, después de que las visitas se fueron, John y yo nos metimos al cuarto y hablamos de entregarle a Dios nuestra amada hija. Siempre he escuchado que los hijos son prestados, pues en aquel momento lo sentíamos más que nunca y, con gran dolor en el alma y con muchas lágrimas, se la entregamos a Dios. Aun con todo lo que nos pasó, creo y sigo creyendo que —como padres de un hijo o familiar enfermo— es nuestra responsabilidad creer hasta el final. Lo que pase después es la decisión de Dios, pero por lo menos debemos contar con la paz y confianza de que siempre creímos.

> *Siempre me preguntaba en mi interior:*
> *«¿Qué pasa si Dios se la quiere llevar?».*

He estado junto a amigas que han perdido a sus hijos al igual que yo y, siempre que me llamaban, yo les decía: «Creamos hasta el final». Es más: recuerdo que, el día que Camila murió, fue el día que más fe tuve de que ella se sanaría; hasta imprimí una frase basada en un versículo: «Camila no morirá, sino que vivirá y contará las maravillas de Dios1». Con el tiempo he logrado entender que, para nuestra vista, ella ya no está aquí, ella murió, pero la realidad es que Camila no murió, y sé que está contando las maravillas de Dios.

En la segunda oportunidad en que la salud de Cami empeoró y estuvo en el hospital, la iglesia a la que asistimos realizó un ayuno de tres días, creyendo en un milagro. Creo que en este punto es un poco confuso saber cómo pedirle a Dios que haga algo, porque siempre queremos abogar por nuestra voluntad. Ahora, si hablamos de la voluntad de Dios, dice la Biblia que es buena, agradable y perfecta. Lo que nos acababa de ocurrir no cumplía con ninguna de las características anteriormente mencionadas, por lo menos para nuestros ojos.

A través de este proceso pude comprender que, Dios ve toda nuestra vida, no como un momento, sino como un todo. Lo que nos ocurre es parte de un

---

1   Salmo 118:17 (RVA 2015).

plan, el cual es casi imposible considerar a causa de tanto dolor que hay en el corazón. Sin duda, este fue un tiempo donde mi fe y todas mis creencias fueron puestas a prueba. Conocí una parte de Dios que no conocía. Creo que, a veces, cuantas más eran mis preguntas y cuestionamientos, más silencio me rodeaba.

> *Dios ve toda nuestra vida, no como un momento,*
> *sino como un todo.*

El libro de Job 42:5 dice: «De oídas te había oído más ahora mis ojos te ven», y creo que esto es lo que describe justo lo que sentía. Estoy convencida de que el interés de Dios es trabajar con nosotros, porque en el dolor es donde hay un mayor aprendizaje. Esta clase de experiencias son las que marcan y transforman nuestra manera de vivir. Job, a través de su dolor, de sus múltiples pérdidas, conoció otra parte de Dios, la que —en nuestra debilidad— desearíamos muchas veces ignorar. Ahora, como mamá, he experimentado que, si mis hijos quieren algo, y yo sé que esto no traerá para ellos algún beneficio, o puedo ver algún peligro en lo que quieren, entonces, mi respuesta es negativa. Ellos, sin comprender, lloran y alegan que no los quiero. Y, cuando esto sucede, puedo recordar y entender la relación que tiene Dios con nosotros. Sin conocer sus planes, nos detenemos, nos quejamos, reclamamos, porque no es fácil aceptar muchas decisiones con las cuales debemos lidiar en la vida.

Luego de algunos meses de la muerte de mi bella hija, comprendí que, por encima de los milagros, de la fe y de las oraciones de miles de personas, está la soberanía de Dios. En muchas ocasiones creemos ciegamente; hasta ponemos la fe delante de lo que Dios quiere hacer, y esto se enseña (a veces) en las iglesias. Pero debemos ser cautelosos con este concepto: **la fe es necesaria para creer en los milagros, pero es fundamental para aceptar la voluntad de Dios.**

La Biblia claramente afirma en Isaías 55:8: «"Porque mis pensamientos no son vuestros pensamientos, ni vuestros caminos mis caminos", dijo Jehová». Lejos de enojarnos con Dios porque no hizo el milagro que esperábamos, debemos comprender que sus pensamientos son superiores en comparación con los nuestros.

# MIS MEMORIAS

*Embarazo de Camila*

JUNIO, 2009

# TRANSFORMANDO
*el dolor en amor...*

1. ¿Culpas a Dios por tu pérdida? ...........................................
   ................................................................................................
   ................................................................................................
   ................................................................................................

2. ¿Hay algo que pudiste haber hecho para que la situación fuera distinta? ...........................................................
   ................................................................................................
   ................................................................................................
   ................................................................................................

3. ¿Crees que esta experiencia puede hacer crecer o decaer tu fe en Dios? ...............................................................
   ................................................................................................
   ................................................................................................
   ................................................................................................

# MIS MEMORIAS

*Embarazo de Camila*

JUNIO, 2009

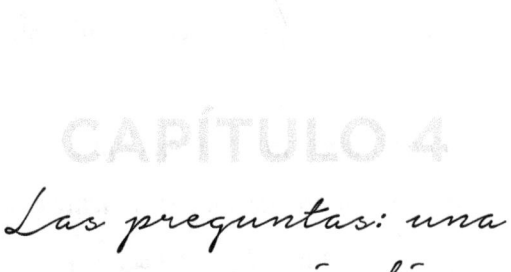

# CAPÍTULO 4
## Las preguntas: una carrera sin fin

Un día después de la muerte de Camila, como familia, decidimos irnos de viaje a la playa. En ese momento, no quería ver a nadie; solo anhelaba salir corriendo. Durante esos días, decidí cambiar de número de teléfono celular. De todas las formas posibles necesitaba evitar aquellas conversaciones que me causarían más daño. Creo que en algunas cosas fui muy radical. Tal vez no tenía que serlo, pero agradezco a toda mi familia la gran compresión y apoyo que tuvieron conmigo.

El viaje a la playa nos distrajo un poco, aunque no había manera de quitarse el dolor tan grande que sentíamos en el corazón. Para ese momento, había recibido varios correos con sugerencias de libros que podrían ayudarme a salir adelante. Llevé varios que fueron de gran apoyo, al menos para sentir empatía por otras mamás que en algún momento de su vida habían experimentado lo mismo que yo. Creo que, al pasar una situación tan dolorosa, lo primero que viene a nuestra mente es: «¿Por qué yo?, ¿qué hice?». Nuestra mente hará un gran repaso por la vida para ver en qué pudimos haber fallado. Recuerdo también que pensaba: «Pero si John y yo nos casamos, si tratamos de hacer todo en orden, ¿por qué nos pasa esto?, ¿por qué?». Hay un eterno porqué. Pensamientos llenos de remordimientos, sin justificación alguna, comienzan a dar vueltas en todo nuestro ser. Claramente, como seres humanos, siempre vamos a fallar pero, en esos momentos, dichos errores parecen transformarse en una aguda culpa. «¿Y si no la cuidé bien? —me cuestionaba—. ¿Di todo lo mejor? ¿Fui una mala madre?». A pesar de que yo sabía el gran esfuerzo de haber buscado todas las alternativas y los tratamientos posibles para salvar su vida, nada había servido. Con todas estas emociones y más, luchaba constantemente.

*Al pasar una situación tan dolorosa,*
*lo primero que viene a nuestra mente es:*
*«¿Por qué yo?, ¿qué hice?».*

En el servicio conmemorativo de Camila, escuché a mi amiga Gaby decir las mismas preguntas que yo me formulaba. En nuestra mente buscamos resolver la situación para apaciguar el dolor. Construimos la teoría de que, si se hubiera hecho algo diferente, se estaría vivenciando algo que no fuera tan doloroso. Es normal detallar toda la experiencia una y otra vez para encontrarle una solución al problema.

Por mucho tiempo me pregunté por qué había personas que durante su embarazo no se cuidaban y cuyos bebés eran sanos. ¿Por qué había familias que estaban completas, y la mía no? Hoy, más de una década después de su partida, entiendo un poco por qué me pasó. Y descubrir el porqué de esta experiencia me ha ayudado a comprender el propósito de mi vida y de la vida de las personas a las que he podido ayudar. Pero el punto importante de este capítulo es que ninguno de estos interrogantes nos llevará a algún lado: solamente al desgaste. Nos desgastamos por la búsqueda de una respuesta que probablemente nunca encontraremos, no por nuestros propios medios. Yo he comenzado a descubrirlas ayudando a las personas que pasan por una situación igual o similar a la mía.

Ya pasados dos años de nuestra experiencia con Camila, dos amigos muy cercanos atravesaron lo mismo. El día del funeral, el papá del bebé nos hizo dos preguntas a Jonathan y a mí. Primero, me preguntó: «¿Quién salió ganando con todo esto?». Mi esposo sabiamente repitió lo que había dicho en el funeral de Camila: «Para muchos, hoy perdimos una batalla, pero hoy Camila está cantando victoria. Como seres eternos que somos, podemos entender que ella ya no sufre más y que ya está bien».

Al escuchar esto, yo recibí consuelo en mi corazón, así como nuestros amigos, pero creo que cada uno encontrará la respuesta que más lleve paz a su alma. Pero nuestro amigo también preguntó: «¿Por qué, si Dios nos ama, nos permitió pasar esta experiencia tan fea?». En ese momento nos quedamos callados, pero llegó a mi mente la historia de Greg Laurie, pastor y autor estadounidense. Su hijo murió en un accidente de tránsito, y su esposa embarazada de tres meses y su hija de un año, quedaron solas. Este señor, en el memorial de su hijo, contó una historia que nunca olvidaré y que marcó mi vida para siempre: Cuando su hijo era pequeño, tenían la costumbre de ir a la tienda de juguetes, y Greg siempre le decía a su hijo que escogiera un juguete. Curiosamente, este siempre elegía un juguete pequeño, y Greg —en sus ansias de sorprender a su hijo— le decía que llevara ese que quería, pero con otro (uno mucho más grande que él había escogido). Todos los años hacían esto. Pero, cuando el niño cumplió once años, entraron a la tienda de juguetes; antes de escoger, el niño le dijo: «Papá, quiero que hoy elijas por mí, porque siempre escoges mejores juguetes que yo». El día del memorial, él aplicó esta historia a su vida y dijo: «Hoy yo soy el hijo, y Dios es mi Padre; aunque yo no hubiera escogido perder mi hijo, sé que Dios hace las cosas bien y que Él escoge mejor que yo». [2]

> *Nos desgastamos por la búsqueda de una respuesta que probablemente nunca encontraremos, no por nuestros propios medios.*

Nuestra mente es muy limitada y no nos permite ver más allá. Es aquí donde la confianza en Dios entra a jugar un papel fundamental. Saber que Dios nos ama y que tiene un propósito para cada uno de nosotros. Por eso, necesitamos identificar cuáles son las preguntas que dan vueltas en nuestra mente e intentar entender el porqué de estas. Por mucho tiempo estos cuestionamientos estarán presentes en nuestro diálogo interno y debemos aprender a manejarlos, para dejar de dar vueltas sin sentido pero, más que todo, para ponerle un alto al desgaste emocional y tomar un nuevo rumbo.

---

[2] Laurie G. (2009). Hope for Hurting Hearts. Kerygma/Allen David Editorial.

Ha pasado el tiempo, y todavía no tengo todas las respuestas a mis interrogantes, pero cada vez veo más claro el panorama. En el año 2010 experimenté la pérdida de mi hija y mi abuela (pasé años interiorizando lo que me había vivido). En el año 2017 mi tía, que era como una segunda mamá, falleció a causa del cáncer después de una larga lucha. Fue ahí donde sentí la necesidad de abrir un grupo de duelo. Tres años después llegó la pandemia, donde empezamos a experimentar otra clase de circunstancia: el duelo por Covid-19. Entonces entendimos que el grupo de duelo NUNCA había sido tan necesario como lo fue durante ese tiempo hasta estos días. Puedo comprender que, a través de mi dolor, Dios ha podido consolar a muchos. Él ha puesto empatía en mí, me ha dejado caminar a la par de los que ya no pueden hacerlo por sí mismos. Ya no pregunto más, solo sigo caminado, Dios sigue siendo mi fortaleza, y ayudar a los demás se ha convertido en mi aliado número uno... al fin de cuentas de eso se trata la vida.

# TRANSFORMANDO
*el dolor en amor...*

1. ¿Cuáles preguntas son recurrentes en tu mente respecto de tu proceso de duelo? ...................................................
...................................................................................
...................................................................................
...................................................................................

2. ¿Qué emociones despiertan estas preguntas? ¿Puedes describirlas? ...........................................................
...................................................................................
...................................................................................
...................................................................................

3. ¿Crees que estas emociones están ligadas a la culpa? .........
...................................................................................
...................................................................................
...................................................................................

4. ¿Qué tipo de acciones decides poner en marcha para lidiar con aquellas preguntas que te causan un gran desgaste emocional? ...............................................................
...................................................................................
...................................................................................
...................................................................................

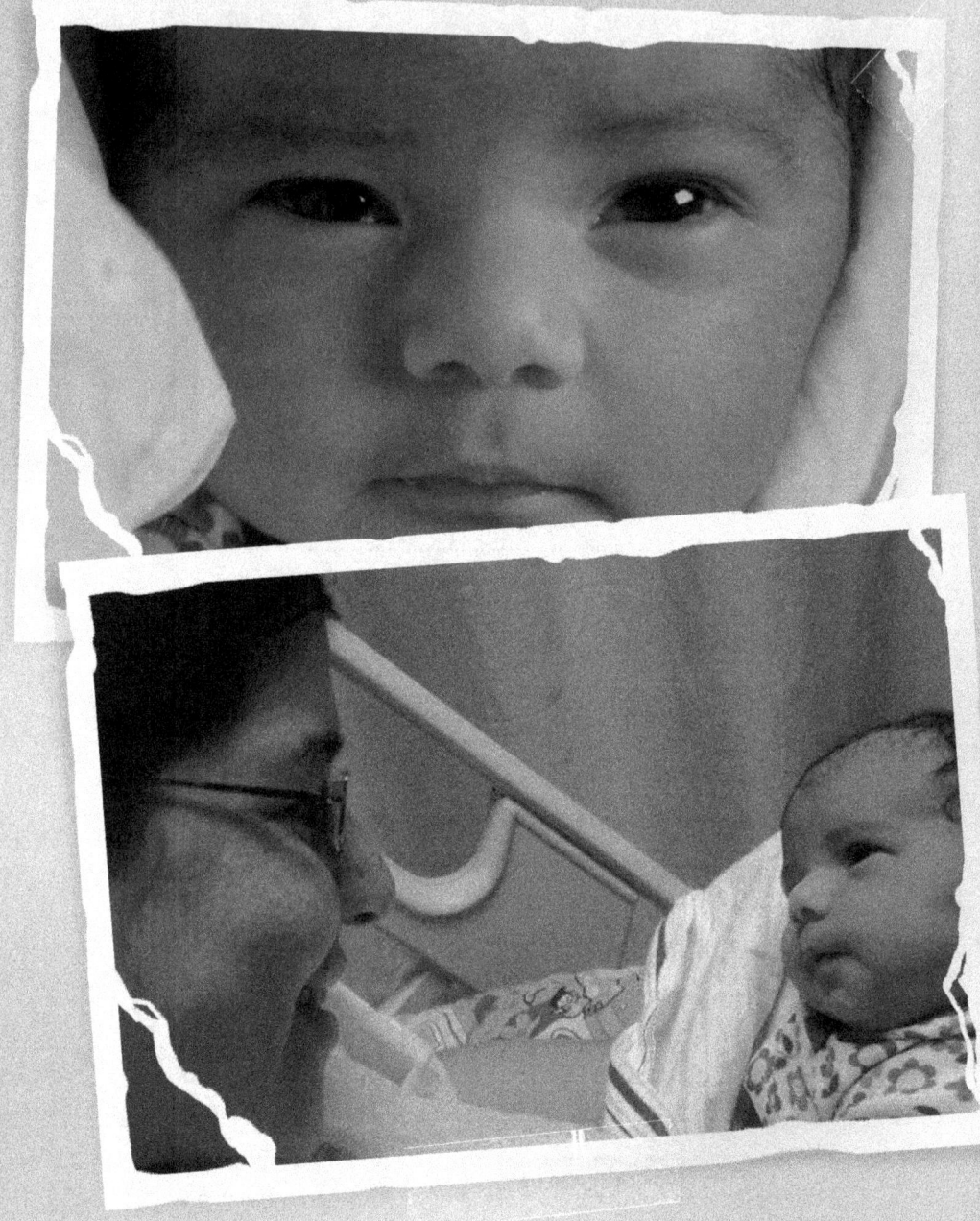

## CAPÍTULO 5
## *Nadie me entiende: naufragio en el dolor*

Antes de iniciar este capítulo, quiero volver a mencionar algo muy importante: el proceso del duelo es muy personal. Con este libro quiero compartir cómo lo viví y la manera en que he ido caminando a lo largo de este proceso.

Naufragar es hundirse... es perderse. No creo que haya otro concepto que describa mejor el duelo. Desde que experimentamos la pérdida, nos sentimos extraviados, no sabemos qué ruta escoger ni cómo salir del abismo en donde nos encontramos. Como ocurre en casi todas las películas que tratan acerca de los naufragios, donde el protagonista está solo en una isla, y su esperanza está en ser rescatado. El instinto de supervivencia se desarrolla al máximo. Pero, al ser encontrado, al volver a su «vida normal», se da cuenta de que nadie entiende lo que pasó y de que, sin lugar a dudas, no es la misma persona. Nada vuelve a ser «igual». Al morir Cami, sentí que estaba en un hueco, del que no sabía cómo salir. De hecho, hay muchos factores que hacen que nos hundamos más. El estado emocional en el que estamos dificulta el pensamiento objetivo y racional. Es decir, nos dejamos llevar por nuestros impulsos o por nuestros sentimientos. La noche que Camila murió, lo primero que vino a mi mente fue: «Nadie me entiende», con excepción de John, que estaba viviendo exactamente el mismo dolor que yo tenía. ¡Estábamos llorando a nuestra hija! Sin importar las buenas intenciones que todas las personas tenían hacia nosotros, a cada palabra de consuelo yo siempre le agregaba: «Pero no me entiendes».

Cuántas veces yo misma traté de darle consuelo a alguien y le decía tantas cosas… pero jamás sentí lo que ellos estaban experimentando. Es imposible ponerse en el lugar de la persona que sufre si no te ha pasado, si no has pasado una pérdida similar. Esto va más allá de la empatía. Me atrevería a decir que este concepto es más literal: la experiencia me hace prácticamente sentir en carne propia lo que la persona sufre. Y, a pesar de que tuve que enterrar a mi hija, nunca me atrevería a decirle a una esposa que eso es peor que enterrar a un esposo, o peor que enterrar a una madre, o a un hermano. Creo que, al vivir un dolor tan grande, uno se vuelve respetuoso y empático de las situaciones ajenas, porque entendemos que no hay palabras que quiten ese dolor.

*Naufragar es hundirse… es perderse. No creo que haya otro concepto que describa mejor el duelo.*

El dolor es personal, y la forma de atravesarlo también lo es. Sin embargo, frente al dolor, la compañía siempre ayuda, pero es fundamental que las personas a nuestro alrededor no traten de entendernos: con solo acompañar, están apoyando. Debemos respetar los deseos de la persona afectada y, más que encontrar las palabras adecuadas, la ayuda y el acompañamiento en estos momentos se agradecerá el haber estado ahí, junto al doliente, para toda una vida.

Después de la muerte de Camila, he conocido muchos casos de madres que han perdido a sus bebés ya nacidos. Y, cada vez que esto sucede, me buscan, porque necesitan escuchar cuál fue mi proceso, y recuerdo entonces que hice lo mismo cuando Cami murió. **Entonces sí hay personas que nos pueden comprender de alguna manera, porque la experiencia de alguien que ya pasó por ahí nos da esperanza de poder salir adelante.** Incluso, después de la muerte de Camila, varias personas se acercaron, y —a pesar de que no habían experimentado exactamente lo que atravesábamos en ese momento— dijeron frases que nos marcaron para siempre.

Primero, sentía una gran culpa por haber reclamado a Dios de una forma incorrecta cuando veía a Camila deteriorarse de la manera como lo hacía. En medio del dolor y de la culpa, un amigo cercano de nuestra familia me dijo: «Raquel, Dios también vio morir a su hijo. Él te entiende». Esas palabras llegaron a darme paz y tranquilidad, porque sabía que, de una u otra manera, Dios me estaba mandando un mensaje del cielo. La otra frase que nos cambió la vida fue: «Camila no es la hija que trajo dolor: es la hija que trajo propósito». ¡Qué fácil es concentrarse en el dolor solamente! Pero, cuando escuché esto, reflexioné. Me puse a pensar en todo lo que había aprendido con Camila que, en tan solo tres meses, me había enseñado más que nadie. John y yo ahora vemos la vida distinta. Todo cambió y realmente creo que Cami nos trajo un gran propósito.

Quisiera compartirles estas líneas que escribió mi amiga Sara Fonseca. Ya que creo que resumen mis pensamientos:

*Raquel, aunque el paso de Cami por mi vida fue muy breve, quiero compartirte algunas cosas que me enseñó: a pesar de no hablar, fue mi maestra en muchas áreas. Una de las cosas que me enseñó fue a amar al Señor, a pesar de no entenderlo. Su espíritu de lucha me hizo aprender a no quejarme. Me enseñó que la Palabra tiene poder... ¡como nunca antes lo había visto! Cada vez que la vi, hizo que mi corazón rebosara de amor. Me enseñó que lo material no existe, que el orgullo es lo peor.*

*En verdad, me enseñó el valor de la vida; a valorar los momentos buenos y a enfrentar los malos. Cami me enseñó a esperar pacientemente. Me enseñó a guardar silencio.*

*Me enseñó a no tener temor.*

*Tienes razón: sus ojos han sido los más lindos que he visto. Cami fue una niña con propósito. Como una estrella fugaz, que duró muy poco, pero que brilló demasiado.*

Aunque tenemos luces al final del camino, las luchas más grandes que enfrentaremos son las que pasamos solos, cuando los pensamientos repetitivos nos invaden una y otra vez. Cuando los días grises, llenos de soledad y vacío, parecen no querer irse.

Mi papá siempre contaba un chiste que —para efectos de este capítulo— tiene mucho sentido: Un señor consultó a su doctor muy preocupado, porque decía que tenía un gran dolor en todo su cuerpo. Al comenzar su revisión, el doctor le preguntó: «¿Dónde exactamente le duele?». El señor empezó a señalar y tocar todas las partes en las que estaba experimentando dolor. El doctor lo miró y le dijo: «Señor, su problema no está en todo su cuerpo, sino solo en su dedo que, al estar quebrado, le duele. Pero, como está usando ese mismo dedo para señalarse, por eso piensa que le duele todo el cuerpo».

El dolor que sentimos nos hace sentir incómodos, nos inhabilita. Sentimos que nos duele todo, nos afecta de manera integral, aunque lo que realmente duele es el corazón. Somos los encargados de no direccionar la responsabilidad en nadie más que en nosotros mismos. Comprometernos con el proceso de salir adelante, dar pasos lentos pero seguros, teniendo en cuenta de alguna manera el refrán: «Una golondrina no hace verano». Es decir que un mal día no significa que estoy peor, sino que esos momentos son parte del camino, parte de mi sanidad.

¿Es realmente importante sentirme comprendido? Claro que sí. Por eso, si percibo comprensión, perfecto. Pero, si no es así —que es lo usual—, debo comprometerme conmigo mismo a salir adelante. La prioridad soy yo, y el proceso dependerá de mí un 100 %. En el grupo de duelo, he podido ver a muchas personas llegar a hacer una o dos sesiones y dejar el proceso de lado. También están las personas que se esfuerzan y logran terminarlo. El resultado del proceso está condicionado por cada uno de nosotros.

## ¿CÓMO SALIR DEL HUECO?

Los primeros días sin ese ser querido al que tanto amamos son muy difíciles. Como les describí anteriormente, mi reacción era estar enojada y muy frustrada. La de mi esposo, estar deprimido. Parece muy difícil encontrarle un sentido a esa forma nueva de vida, en la que tu ser amado, tu hijo, ya no está. Pero, primero, se aprende a sobrevivir cada segundo. Por eso, los días se hacen tan largos, cuesta demasiado sobrellevarlos. Llega un momento en que ya podemos manejar los segundos, pero ahora se trata de los minutos de soledad, vacío y frustración. Con el pasar del tiempo, nos damos cuenta de que ya no son minutos, ahora podemos manejar una hora sin sentirnos tan mal. De horas pasa a días, de días a meses… y a la fecha, cada tres o cuatro meses, sobrevivo ese día que tanto cuesta manejar, que nos hace sentir que no hemos avanzado nada, pero que se convierte en parte nuestra. Lo básico para salir de los peores días es tratar de comer bien, dormir, distraerse, aunque sea caminando, para no centrarse tanto en el dolor, sino en la recuperación.

# TRANSFORMANDO
## *el dolor en amor...*

1. ¿Me siento incomprendido? ¿Por qué y por quiénes? ........
   ..................................................................................................
   ..................................................................................................
   ..................................................................................................

2. ¿Qué situaciones me detonan el dolor? ...............................
   ..................................................................................................
   ..................................................................................................
   ..................................................................................................

3. Identifica personas con las cuales puedes abrir tu corazón sin ser juzgado. ...............................................................
   ..................................................................................................
   ..................................................................................................
   ..................................................................................................

4. Busca apoyo en grupos que sean afines a tu pérdida y encuentra un espacio donde puedas drenar tus sentimientos. ..............................................................................................
   ..................................................................................................
   ..................................................................................................
   ..................................................................................................

## CAPÍTULO 6
## Regresar a lo «normal»

Nos preparamos durante nueve meses para un cambio definitivo, algo esperado, donde solo escuchábamos consejos: «Duerman todo lo que puedan ahora, porque después ya no se puede». Y el tiempo que Camilita estuvo viva, fue un tiempo sumamente extenuante, pero más de lo que suponíamos. Al morir Camila, quedamos sin metas, sin norte, sin nada. Habíamos construido todo un plan de vida con ella incluida, y entonces no sabíamos qué hacer. Este es el síndrome del cuidador, que enfoca toda su vida en la persona afectada.

Lo primero que hizo mi esposo fue llamar a la supervisora de su trabajo y renunciar. Sus palabras fueron: «No sé cómo me voy a parar después de esto». Su jefa fue un ángel que Dios nos puso en el camino, porque no le aceptó la renuncia y le dijo: «Jonathan, tómate todo el tiempo que tú necesites; tu puesto aquí va a estar».

Así como lo vivimos nosotros, he podido observar repetidas veces que, al morir alguien, la primera reacción de sus familiares es dejarlo todo, porque ya nada tiene sentido en sus vidas. La casa (grande o pequeña), un automóvil, un trabajo, lo que sea, se convierte en lo más insignificante en comparación con la ausencia de esa persona que tanto nos llenaba el alma. Y siempre escucho afirmaciones similares: «Es que mi esposo ya no quiere trabajar». Creo que a estas crisis tan fuertes hay que darles tiempo. Sé que muchos solo recibirán cinco días de licencia en su trabajo y después deben retomar sus puestos, pero también sé lo difícil que se hace volver a la vida real con este dolor a cuestas.

Camila murió antes de que se me terminara la licencia. Entonces, tanto mi esposo como yo nos quedamos un tiempo en la casa. El vacío que sentíamos era el sentimiento que más nos envolvía y nos provocaba una profunda tristeza. Siempre pensé que, cuando Jesús había estado en la Tierra, había sido por muy poco tiempo. Para una Navidad, recuerdo a mi papá comentarme que Dios tuvo una silla vacía los treinta y tres años que Jesús había estado en la tierra y que Él entendía perfectamente el sentimiento de ausencia.

### ¿ME QUEDO EN LA MISMA CASA O ME MUDO?

Estar en casa y ver el cuarto vacío nos afectaba mucho. De hecho, cada vez era peor y, extrañamente, nos daban miedo situaciones a las que antes no les temíamos. Estuvimos en la casa por dos meses, pero era muy incómodo, John no podía ni siquiera ver sus cosas. Un día le propuse a mi esposo buscar otra casa para intentar estar más tranquilos. No teníamos miedo a un fantasma o a algo por el estilo (menciono esto porque varias personas me hacían esta pregunta). Ahora entiendo que teníamos miedo de caer en crisis los dos al mismo tiempo, y que ninguno pudiera ayudar al otro, y ¡más en la casa donde Cami había vivido!

> *Al morir alguien, la primera reacción de sus familiares es dejarlo todo, porque ya nada tiene sentido en sus vidas.*

Una noche decidimos salir a buscar casa, y la encontramos. Sé que no todos pueden hacer un cambio radical, pero sentíamos que no teníamos alternativa. Comenzamos por alquilar nuestra casa y, mientras tanto, alquilábamos otra casa en otro lugar. ¡Qué ironía! Al mudarnos al nuevo lugar, creo que avanzamos un poco. El panorama había cambiado. Ya en esta casa no sentíamos temor; estábamos experimentando algo nuevo, diferente, aunque el dolor fuera el mismo. En el caso de las personas que se quedan en la misma casa, es indispensable —según mi perspectiva— cambiar algunas cosas, para sentir que están viviendo algo diferente (por lo menos pintarla, cambiar de posición los muebles de la habitación, etc.).

> *Estar en casa y ver el cuarto vacío nos afectaba mucho. De hecho, cada vez era peor.*

### CAMBIO DE AMIGOS Y DE RUTINAS

El cambio de la casa no fue el único que hicimos. Después de varios días de no haber querido ver a nadie, John y yo empezamos a vernos con amigos con los que hacía mucho tiempo no coincidíamos. No sé por qué, pero el alejarnos de todo se convertía en el alivio más grande que teníamos. A veces siento que fuimos muy drásticos en los cambios que hicimos en todo sentido, pero vuelvo a reafirmar que lo ideal es hacer todo lo que esté en nuestras manos para poder salir adelante. Muchas amistades no entendieron el porqué del cambio; probablemente pensaron que nos habíamos vuelto locos ya que, en el proceso de hospitalización, ellos habían sido de gran ayuda. La etapa del reajuste hay que tomarla con paciencia; de lo contrario, se vuelve un tiempo en que los impulsos reinan, y no la paz. Incluso, empezamos a hacer ejercicios. Nos habían recomendado hacer esto para que, de alguna forma u otra, pudiéramos sacar la frustración que vivenciábamos. Pero también tomamos ciertas determinaciones en grandes momentos de angustia, y eso nos llevó a cometer algunos errores. Ahora sabemos que las decisiones se piensan, se mastican, se miden (sobre todo sus consecuencias) y, con base en todo esto, se toman. Son etapas muy duras; el reto es pensar con la cabeza y no dejarse llevar por el corazón.

### SOBRELLEVAR LAS IMPRUDENCIAS

Aunque mucha gente se dio cuenta de que Camila había muerto, otras personas no lo sabían. Las frases: «¿Cómo está la bebé?», o similares, al principio, me mataban. Lo peor del caso no era la pregunta, sino poder contestarla. Dependiendo de cómo me sentía, podía decir tranquilamente: «Bueno, ella murió» y, en ese momento, observar su cara de «Me muero yo también». Terminaba diciéndoles: «Yo sé que ella está bien y que ya no sufre más». A continuación, me despedía y me iba.

*Sé que no todos pueden hacer un cambio radical, pero sentíamos que no teníamos alternativa.*

Eran incómodos, y aun lo siguen siendo, esos días en que me siento triste y alguien me pregunta por ella. El corazón se me hace un puño, trago fuerte y trato de contestar. Aunque, a veces, sin poder evitarlo, lloro. Honestamente, no sé qué pensarán cuando me ven así. Tal vez concluirán: «No lo ha superado». En realidad, no podemos controlar lo que las personas piensen. Pero siempre habrá días que extraño a Camila el doble, en los cuales daría lo que fuera por tenerla cerca, poder olerla y besarla. Creo que en esta etapa es indispensable convertirnos como niños: llorar o reír donde sea porque, conforme vamos creciendo, reprimimos lo que sentimos, y eso no ayuda en el duelo.

## LIBROS

Los primeros días compramos todos los libros acerca del cielo que tuvimos a mano para «asegurarnos» de dónde estaba Camila. Este tema despierta mucha curiosidad, porque es nuestro deseo escuchar historias que puedan darnos mayor detalle de que los seres queridos están bien y qué podrían estar haciendo. Aparte de estos libros, me recomendaron *Un hijo no debe morir, No te mueras con tus muertos, La cabaña,* y lo que puedo resumir es que algunos me ayudaron, y otros, no. Tal vez haya información que llegue a construir esperanza para muchos, pero no necesariamente lo que me sirve a mí te puede servir a ti.

En los libros buscaba encontrar una posibilidad (aunque fuera pequeña) de que podíamos salir adelante... de volver a vivir. También creo que parte importante de los libros es mantener la mente ocupada para no pensar en cosas que no valen la pena, o centrarse únicamente en el dolor. En mi caso, a pesar de mi gran búsqueda en los libros, no encontré uno que me diera detalles de cómo enfrentar el duelo y, precisamente, esta es la razón de esta publicación.

## TERAPIA DE GRUPO

Otra ayuda en este tiempo de reajuste fueron las terapias de grupo donde había madres como yo, que entendían lo que sentía. Al escuchar otras historias completamente distintas pero, con el mismo resultado (la muerte de un hijo), me hacía sentir que no estaba sola en este mundo y que, en efecto, había personas como yo que estaban pasando la misma realidad. Mientras el tiempo transcurría, algunas personas conocidas empezaron a acercarse a mí con situaciones similares. Quizá no éramos amigas anteriormente, pero cada día nos empezábamos a unir más. Nos llamábamos cuando alguna tenía un día malo, y sabíamos que encontraríamos una respuesta acertada al buscar al otro. Gaby Ortiz fue la primera en ayudarme con este proceso. Cuando sentía que no aguantaba más, siempre me extendió la mano; incluso fue la persona que me ayudó a recoger la ropa de Cami y a ser fuerte cuando sentía que no iba a poder.

*Creo que en esta etapa es indispensable convertirnos como niños: llorar o reír donde sea porque, conforme vamos creciendo, reprimimos lo que sentimos, y eso no ayuda en el duelo.*

Es indispensable tener cerca a personas que han experimentado esta misma situación para poder sentirnos comprendidos, como lo vimos en el capítulo anterior, pero también para recibir consejos sabios, para no alterarnos, para que nos guíen en el camino. Y Gaby no solo me ayudó a enfrentarlo, sino también muchas veces me dijo: «Raquel, es hora de que dejes de llorar y de que salgas adelante». Probablemente, si alguien que no lo había vivido me lo hubiera dicho, mi reacción hubiera sido la incorrecta pero, al saber que ella me entendía perfectamente, siempre la tomé como una voz sabia, de alerta, que necesitaba escuchar.

# MIS MEMORIAS

*Mis papás y hermanos*
OCTUBRE, 2017

# TRANSFORMANDO
*el dolor en amor...*

1. ¿Consideras necesario algún cambio en tu vida para poder continuar? ................................................................
   ................................................................
   ................................................................

2. ¿Puedes identificar cuáles son los cambios necesarios y cuáles son impulsos? ................................................
   ................................................................
   ................................................................
   ................................................................

3. ¿Cuáles pasatiempos o rutinas me pueden favorecer en el proceso de duelo? ....................................................
   ................................................................
   ................................................................
   ................................................................

## CAPÍTULO 7
### *Embarazos alrededor: la única que perdía era yo*

Mi abuela paterna siempre fue una persona muy especial para nosotros. Ella se empeñó en ganar nuestros corazones, y así fue. Mis hermanos y yo siempre queríamos que durmiera con nosotros cuando venía a visitarnos. Pudimos disfrutar de sus mejores años; nos abrazaba, nos cocinaba delicioso. Su amor y su cariño siempre eran incondicionales, excepto cuando no nos comíamos toda la comida, como ocurre con todas las abuelas. Chayito, como le decíamos, se había enfermado tres años antes de que Camila muriera. Desde entonces estaba en una cama. Hablaba muy poco, pero era obvio que estaba sufriendo. Precisamente, para el momento en que Camila estaba en el hospital, mi abuelita también lo estaba.

El lunes 26 de abril, mi abuela Chayito murió. En esos momentos yo me encontraba tan angustiada por la situación que vivía con Camila que ni pude ir a la vela ni al funeral, aun con el amor que yo le tenía. El jueves de esa misma semana, Cami murió. Creo que nunca pude lidiar con el duelo de mi abuelita de la manera correcta. El dolor de Camila, definitivamente, era el más intenso en mi corazón.

Al mes de la muerte de nuestra hija, tuvimos la oportunidad de viajar a Estados Unidos, donde unos amigos muy cercanos nos iban a recibir, para poder distraernos un poco. Esos días fueron tranquilos, y muy bien aprovechados, porque estábamos junto a seres a los que amamos y que nos aman. Ellos pusieron su mayor esfuerzo para hacernos sentir muy amados. Incluso, una amiga mía, Rebe Naranjo, viajó desde Washington hasta donde estábamos. Estos fueron detalles que nunca se olvidarán.

> *Estábamos junto a seres a los que amamos y que nos aman.*

Regresando del viaje, nos enteramos de que la esposa de mi hermano estaba embarazada. No puedo explicar la agonía que sentí con dicha noticia. Me quedé sin habla y sin poder explicarle a Jonathan lo que me estaba pasando. Después empecé a llorar sin parar. En este momento, estábamos pasando unos días en la casa de mis papás. Mi primera reacción fue recoger todo e irnos de ahí. Ese mismo día que yo me enteré del embarazo, mi familia me iba a comunicar la noticia. Pero, por cosas del destino, me di cuenta primero, y fue una de las cosas que más me dolió. Ahora entiendo que me querían proteger de un momento como este, pero creo que el dolor fue aún más de lo que me imaginé. Por mi mente solo pasaba que únicamente había transcurrido un mes de la muerte de Camila, y ya había alguien esperando un bebé en la familia. Ese día decidí alejarme de mi familia por completo. Preferí no volver a verlos por un tiempo porque el solo hecho de tener un embarazo cerca me hería el alma. Les argumenté que iba a tomarme un tiempo porque ese bebé no tenía culpa de venir en un momento tan terrible para nosotros y que se merecía que lo recibieran y que lo esperaran.

«Ojos que no ven, corazón que no siente», me dije. En efecto, fue una etapa donde estuvimos muy tranquilos a pesar de la lejanía de mi familia. Tres meses después, me llamaron del Hospital de Niños para decirme los resultados de una biopsia de Camilita. Ese día le pedí a mi mamá que me acompañara. Solamente el hecho de entrar a ese lugar me afectaba, porque los bebés tenían las batas que tenía Cami, las mismas cunas… Sin palabras. Cuando llegué a la morgue para escuchar el resultado, la doctora me dijo que les faltaba un reactivo para saber lo que había pasado y que regresara en cinco años para darme el resultado. Esa no era la respuesta que buscaba, pero ella me dijo: «Sea cual sea la causa por la cual su hija falleció, siempre va a ser su decisión tener un hijo».

Salimos de allí, pero con un anhelo intacto de volver a ser mamá. Buscamos a otro doctor diferente al que me había atendido en el embarazo de Cami. Sabíamos que el cambio era necesario. Al nuevo médico le comentamos todo lo que nos había sucedido, y su respuesta fue: «Yo sé que a veces Dios aprieta, pero Él no ahorca». Al revisarme para ver cómo estaba, me dijo: «Raquel, tú estás embarazada». Yo salí del consultorio con la felicidad más grande de mi vida. Por todo lo que habíamos experimentado, decidimos no contar nada del embarazo hasta estar seguros que el bebé sobreviviera el cuarto mes.

El doctor me dijo que regresara en quince días para revisarme de nuevo, porque el bebé no se veía todavía. A los quince días volvimos, y en la sala de espera me empezaron unos dolores muy fuertes y comencé a sangrar. Cuando el doctor me revisó, me comunicó que acababa de perder al bebé. Creo que no estábamos listos para este golpe, y menos a cuatro meses de haber enterrado a Cami. John fue el más afectado al escuchar esta noticia. Por este bebé de siete semanas que perdí, lloré como cuatro días. La muerte de Camila seguía opacando cualquier dolor. Un mes después, recibimos una llamada de la hermana de John porque necesitaba hablar con nosotros. Cuando mi esposo colgó el teléfono, le dije: «John, ella está embarazada». Él me replicó: «¿Cómo se te ocurre?». Pero se quedó con una «espina» de lo que yo le había dicho, y mi suegra le confirmó la noticia. Por ende, la situación se nos puso cuesta arriba aún más. Al igual que con mi familia, decidimos alejarnos de esta situación y de este nuevo golpe emocional.

*«Sea cual sea la causa por la cual su hija falleció, siempre va a ser su decisión tener un hijo».*

Durante los meses que siguieron, nos apegamos a nuestros amigos más cercanos, dejando completamente de lado a las familias. Nunca olvido a unas personas en específico que fueron todo para nosotros en este tiempo: Don Eric Linox, su esposa Normita, sus hijos Tito, Rebeca y Pablo (esposo de Rebeca). Nos invitaban todos los domingos a la casa para que pasáramos tiempo con ellos. Normita había experimentado exactamente lo mismo que yo. Su primer hijo había muerto en el Hospital de Niños por varias complicaciones. Después de esta situación, le habían asegurado que no podría volver a ser mamá. Mientras estuvimos muy cerca de ellos, Normita estaba luchando con un cáncer, lo que hacía que nos ayudáramos mutuamente en el proceso. Ella siempre me decía con tanto amor: «Raquelita, vas a salir de esto. Yo sé cómo te sientes, ¡yo lo sentí también! Y vas a ver que volverás a ser mamá de hijos sanos». Estas palabras calaban en mi corazón. Me devolvían la esperanza de poder volver a vivir algo tan hermoso.

En este tiempo aprendí y comprendí que, si ayudaba a alguien, mi carga era menor porque no me centraba en mi dolor, sino en los demás. Para este período, también me ofrecieron ir a orfanatos a cuidar bebés abandonados por sus padres, y así quitarme aquella ansiedad que tenía. Al día de hoy no entiendo por qué no fui, pero creo que esa hubiera sido una gran herramienta para salir adelante.

> *Estas palabras calaban en mi corazón.*
> *Me devolvían la esperanza de poder volver*
> *a vivir algo tan hermoso.*

Los embarazos alrededor siempre recordarán o revivirán momentos por los cuales uno pasó, y se vuelve algo difícil de manejar. Algunas personas pensarán que es exagerada la reacción que puedas tener, pero no lo es. Al ver otros bebés, o tal vez otros niños de la edad del nuestro, siempre nos acordaremos de ellos. ¿Por qué estos niños se encuentran vivos y los nuestros no? Tal vez nunca consigas la respuesta, pero mi consuelo es que Cami ya no sufre más y ahora está muy bien. Tal vez tu caso sea un embarazo alrededor, o esa persona —incluso adulto mayor— que cumple la edad del que hubiera cumplido ese ser querido, y sin querer se convierte en esas pequeñas dosis de realidad que duelen y muchas veces desestabilizan.

## LA COMPARACIÓN

Es importante que, al tener bebés alrededor, no te compares con esas familias. Yo veía gente con los bebés, felices, y John y yo solos comiendo en un restaurante, y eso me atormentaba. Hasta que en 2004, conocí a una señora que se llamaba Sara. Ella cambió mi perspectiva de un día para otro. Sara era muy especial, dulce, pero nunca me pasó por la mente su historia. Al morirse Camila, ella me contactó y me contó todo lo que había vivido siendo joven.

Sara era de Perú. Se casó y tuvo muchos hijos (no recuerdo la cantidad). Cuando todos eran pequeños, su hija de dos años enfermó, se complicó su cuadro y murió. Al año siguiente, le pasó la misma situación, pero con una hija que era mayor que la que había muerto. Al morir su segunda hija, Sara me dijo que ella sintió un dolor inexplicable. ¡No puedo imaginarlo! Su esposo había consumido licor mucho tiempo, pero había tomado una decisión por Jesús en su corazón, lo cual le había dado un giro inmenso a su vida. Exactamente al año que habían muerto sus dos hijas, su esposo también falleció. Al escuchar esto, quedé en shock.

Definitivamente, aunque tu historia sea muy dura, difícil y dolorosa, siempre habrá alguien que tenga un relato de su vida aún más fuerte y, a pesar de eso, haya luchado por estar bien. A partir de ese día, decidí no compararme con las familias que tenían todos sus hijos vivos y a quienes no les había pasado absolutamente nada malo.

Me llenaba de esperanza ver que doña Sarita (como le decíamos cariñosamente), a pesar de todo su dolor, había salido adelante. Fue abuela de muchos nietos, una señora muy amada y noble sin un rastro de amargura, sino, por el contrario, llena de amor y misericordia. Doña Sarita me enseñó que se podía salir adelante, se podía ser feliz y que valía la pena intentar vivir libre y sin dolor. Ella —tiempo después— conoció un señor que quiso a sus hijos como si fueran propios y tuvo un último hijo, que se llama Danny.

La comparación siempre te llevará a la frustración (porque no se tiene lo que los demás tienen), a la amargura por ver tu realidad que a veces es muy cruel. El duelo mal trabajado o mal elaborado puede convertirte en una persona muy difícil, casi imposible de tratar. Por eso, si te comparas, hazlo con alguien que te rete a ser mejor, que te saque de las ideas pesimistas y te guíe a nuevos horizontes y sueños.

# MIS MEMORIAS

*Maratón New York*

NOVIEMBRE, 2018

# TRANSFORMANDO
*el dolor en amor...*

1. ¿Con quién te comparas? ¿Por qué? ..................................
   ...............................................................................
   ...............................................................................
   ...............................................................................

2. Es necesario que identifiques qué sentimientos brotan después de la comparación. ¿Amargura, resentimiento, tristeza, frustración? ....................................................
   ...............................................................................
   ...............................................................................
   ...............................................................................

3. ¿Has encontrado algún aspecto positivo al compararte? ..
   ...............................................................................
   ...............................................................................
   ...............................................................................
   ...............................................................................

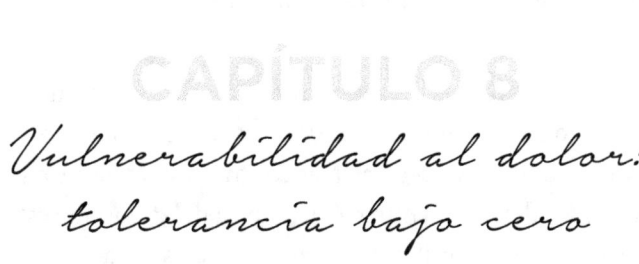

# CAPÍTULO 8
## Vulnerabilidad al dolor: tolerancia bajo cero

Vivir una pérdida tan significativa es un hecho que nos redefine como personas en todo el sentido de la palabra. No sabemos lo que queremos, ni quiénes somos, lo que nos hace demasiado sensibles y vulnerables. Prácticamente, todo se ve afectado.

En todas las pérdidas, lo que principalmente se experimenta es dolor. Este sentimiento intenso nos gobierna. Por un momento, cuando nos golpeamos una parte del cuerpo y esta empieza a doler, experimentamos una conciencia de ese miembro que usualmente no sentimos. Lo mismo ocurre con el dolor emocional a causa de una pérdida. Es indispensable estar consciente de esta sensibilidad para poder enfrentar el mundo que nos rodea de la forma más natural posible.

Para las mujeres, la sensibilidad es un estado muy común en etapas como el embarazo o la menstruación, que acompaña a los cambios hormonales. Camila murió a los casi tres meses de su nacimiento, tiempo en el que todavía el cuerpo estaba acomodándose a todo el cambio producido por el embarazo. Si a esto le sumamos los hechos de enterrar a una hija, el estado de ánimo se complica mucho más. La misma vulnerabilidad que me hacía llorar por horas era la que me provocaba reaccionar como una piedra ante el sufrimiento de los demás.

Me sentía insensible al dolor humano. Todo lo que le pasaba a la gente me parecía sin sentido, comparado con lo que acababa de vivir, aunque siempre estuve consciente de que había personas pasando situaciones aún peores. Esta vulnerabilidad al dolor hace que nos aislemos, porque es muy humano mostrar una «fachada», cuando, en realidad, nos sentimos de otra manera. Aun delante de mis papás, aguanté las ganas de llorar, porque me daba vergüenza, hasta que me decía a mí misma: «Pero si se me acaba de morir mi hija… tengo derecho a sentir, a extrañar».

Tanta sensibilidad no nos deja pensar sabiamente. Es como ver el mundo con una lupa; todo se maximiza. Como consecuencia, nuestro entorno sufre cambios, desde perder amistades hasta encontrar otras nuevas que, para nosotros, no representan absolutamente nada, a causa del dolor que estamos atravesando. Aquí es necesario identificar que las conductas de las personas a nuestro alrededor, que no saben cómo reaccionar, pueden ser las que más nos afecten.

Como mencioné al inicio, en el momento en que se experimenta la pérdida, lo que se siente es ese dolor profundo; pero, acompañados de este dolor, vienen los recuerdos.

## LOS RECUERDOS

Estos son las reconstrucciones mentales de hechos o situaciones pasados que quedaron grabados en nuestra memoria. Una canción, un aroma, una fotografía, una comida, una situación, un programa de TV, o incluso una persona, pueden detonar un recuerdo.

Al inicio del duelo, los recuerdos solo provocan dolor, y constantemente nos anuncian y refuerzan la ausencia de ese esposo que se fue de la casa, del bebé que dejó la cuna vacía, o de la llamada de mamá todos los días en la mañana, que preguntaba cómo estábamos. Pero es importante tener en claro que los recuerdos nos van a acompañar siempre. Nuestra reacción ante ellos dependerá del estado de ánimo y la personalidad pero, sobre todo, del manejo de nuestro proceso de duelo.

Hay recuerdos que tengo vivos en mi memoria que ya no me atormentan; solo cierro los ojos y la vuelvo a ver a Camila. También hay recuerdos que, sin saberlo, bloqueé. De pronto aparecen y, al no trabajar con ellos, no comentarlos con nadie, no llorarlos, se han hecho muy fuertes en mi corazón y en mi mente.

Hace poco, tuve una experiencia que no había tenido desde que Camila murió. En las vacaciones familiares, una cuñada recordó el día en que habíamos tenido que internar a Camila por segunda vez. Ese día Camila estaba convulsionando sin parar (no siempre las medicinas servían). Después de convulsionar, quedaba exhausta; en esa ocasión, se puso morada. En ese momento en que mi cuñada contó esa experiencia, John se quedó tratando de recordar pero, cuando eso sucedió, él no estaba. Su reacción fue preguntar: «¿Por qué no me habías contado esto?». He tenido unos días para analizar lo que pasó y, sin lugar a dudas, borré ese momento tan duro de impotencia, sufrimiento y frustración.

*Los recuerdos son las reconstrucciones mentales de hechos o situaciones pasados que quedaron grabados en nuestra memoria.*

Cuando un hijo se enferma, los padres siempre dicen: «Ojalá me enfermara yo, y no ellos». Y esa era justamente la sensación que sentía ese día y la que me llevó a ocultar profundamente ese recuerdo: mi imposibilidad de poder hacer algo por ella, siendo yo la responsable de su vida. Así que, aunque mi mente había tratado de bloquear ese recuerdo, tanto tiempo después, este brotó nuevamente y con más fuerza.

Lo que más me sorprende es saber que han pasado ya once años y todavía sigo en el proceso de lidiar con los recuerdos de una persona que solo vivió tres meses, pero que me cambió la vida. Ahora valoro mucho el poder desarrollar una estrategia que me ayude a lidiar con los recuerdos, porque las luchas en la mente son las más fuertes. Solo nosotros sabemos la procesión que llevamos por dentro, aunque tengamos una sonrisa en el rostro y pretendamos que todo está bien. Mi principal estrategia para lidiar con estas imágenes y momentos fuertes siempre ha sido pensar que ya no sufre más.

Durante los primeros días, los recuerdos me atormentaban mucho, porque un bebé pequeño depende mucho de su mamá. Y al morir Camila, todavía tenía leche en mis senos. Todavía mi herida se estaba sanando de la cesárea, porque todo era muy reciente.

Nuestra mente es muy poderosa: es similar a una computadora que lleva dentro información de la que nosotros no tenemos ni idea de que estaba ahí. Para este momento, es muy importante tener alguna persona que no vaya a juzgarnos por lo que sentimos o pensamos. Por eso, cobra importancia un grupo que nos dé soporte a nivel emocional. El reprimir los sentimientos de esta etapa solo los hará más fuertes, por lo que es indispensable sacarlos de nuestro interior. El mal manejo de la sensibilidad al dolor nos lleva a resentimientos y problemas que en otra ocasión no nos hubieran afectado.

Es mi deseo que puedas hacer un autoexamen para determinar si hay áreas aún no sanas. Esos recuerdos pueden llevarte a la frustración en instantes. Identifícalos, asimílalos y sal adelante. Creo que es vital cerrar este capítulo con una frase del cantautor español Alejandro Sanz, quien expresó: «El mejor tributo que les podemos dar a los que ya no están es seguir viviendo».

# TRANSFORMANDO
*el dolor en amor...*

1. ¿Qué recuerdo tienes más vivo en tu mente? .....................
   ................................................................................
   ................................................................................
   ................................................................................

2. ¿Tienes alguna estrategia para lidiar con los recuerdos que te provocan dolor? ...........................................................
   ................................................................................
   ................................................................................
   ................................................................................

3. Toda experiencia en la vida, por más difícil que sea, nos deja una enseñanza. ¿Hay algún aprendizaje a través del duelo que estás viviendo? ¿Cuál y por qué? .......................
   ................................................................................
   ................................................................................
   ................................................................................

## CAPÍTULO 9
## Desacelera: toma el control de los impulsos

Por lo general, el ser humano se opone a los cambios, especialmente si estos son abruptos y afectan considerablemente el entorno en el que se desenvuelve. Y el duelo es una alteración radical y extrema, un hecho que revoluciona por completo el estilo de vida al que estamos acostumbrados. Es como un rompecabezas que siempre armamos, a diferencia de que esta vez nos falta una pieza clave.

Como cité anteriormente, los primeros días de vacío son los más difíciles; estamos experimentando algo nuevo, un dolor único, algo sumamente intenso. En mi caso, días antes de morir Camila, en el Hospital de Niños, ya se sabía que su diagnóstico era reservado, por lo que me enviaron a un psicólogo para que me «preparara» para lo que íbamos a enfrentar (ni por un segundo quisiera tener el papel de este joven profesional). Empezó a conversar conmigo de manera cautelosa, tranquilo, sereno; sobre todo, respetuoso. Exploró conmigo el abanico de posibilidades con respecto a la vida de mi hija. Recuerdo haberlo interrumpido y comentarle que mis planes, si ella moría, eran irme del país con mi esposo, a cualquier lugar, menos Costa Rica. Probablemente acostumbrado a escuchar expresiones como la mía, su consejo fue que lo analizara bien, ya que, a lo largo de la estadía de mi hija en el Hospital, él había podido observar que contábamos con una red extensa de personas que nos habían estado ayudando a cuidar a Camila, y ese sería nuestro soporte para enfrentar lo que vendría en su ausencia.

Ese día me dejó sin palabras, y lo que me había dicho quedó dando vueltas en mis pensamientos. Sumado a esto, cuando empecé a averiguar qué tan factible era conseguir un permiso de trabajo en otro país para John y para mí, me di cuenta de que no era un proceso sencillo. Menciono todo esto porque ahora, diez años después entiendo el porqué de mi desesperación por salir corriendo.

Siempre que llegamos a un punto de nuestra vida, donde somos golpeados por las circunstancias que nos rodean, llámense divorcio, muertes, pérdida de un trabajo o de una amistad, queremos tomar decisiones radicales, poniendo nuestra esperanza en ver un cambio en nuestras circunstancias pero, más que todo, nos centramos en la esperanza de sentirnos mejor nosotros mismos. Lo que he logrado entender es que me pude haber ido a Australia a vivir con John. Hubiera podido cambiar de trabajo o de amigos, pero nada de esto hubiera cambiado lo que sentía, porque el dolor seguiría, así como la ausencia. Modificar el ambiente o las circunstancias no evita el dolor: donde quiera que vamos, este sentimiento va con nosotros.

Es el cambio en mi corazón, en mis sentimientos, en mi mente, es llorar y vivir el dolor, lo que me hace sanar, no el salir corriendo sin querer enfrentar las circunstancias (casi siempre estos cambios radicales los hacemos inconscientemente). Mi desesperación por sentirme bien era mucha, y fue en esta etapa donde el impulso me llevó a tomar decisiones equivocadas, apresuradas y erróneas. Mi esposo se sentía tan mal que solo me escuchaba, pero nunca pudo expresarme si estaba en desacuerdo o no, porque su malestar y su dolor eran más grandes que cualquier cosa.

*Modificar el ambiente o las circunstancias no evita el dolor: donde quiera que vamos, este sentimiento va con nosotros.*

Los impulsos son reacciones que tenemos sin pensar; se dice que son instintos insensatos. Nos inducen a actuar de manera súbita, sin reflexionar.

Comparto esta parte de mi experiencia, que no me enorgullece del todo, pero es vital compartirla para que puedas analizar antes de reaccionar. En resumen, recién fallecida Camila, John renunció (su jefa no aceptó su renuncia), nos alejamos de ambas familias, cambiamos de casa, etc. Pienso que tomé distancia del entorno porque no quería la lástima de la gente. No quería dar explicaciones de mis sentimientos, ni mucho menos llorar frente a ellos (esto era lo que más evitaba).

Se vuelve sumamente importante no tomar decisiones en el punto más álgido de la crisis, porque no estamos con nuestros cinco sentidos o en condiciones de medir las consecuencias y tomar una resolución acertada.

En este capítulo hablo de desacelerar. Hoy puedo verlo claro y entender mis actitudes. Yo era como un vehículo de Fórmula Uno: iba a velocidades tan extremas que un accidente pudo ser el sinónimo de su muerte. Me permito compartirles una historia para ejemplificar este concepto.

*Los impulsos nos inducen a actuar de manera súbita, sin reflexionar.*

Los asientos de atrás de los automóviles —en mi infancia— no poseían cinturones de seguridad. Mis papás tenían un microbús; ese día volvíamos de visitar a mi abuela. Mi papá —gracias a Dios— iba manejando despacio. Al llegar a un semáforo, él bajó la velocidad, pero un niño, que estaba con su mamá a punto de cruzar la calle, se soltó de la mano y cruzó corriendo. Inmediatamente, mi papá frenó. Todos terminamos golpeándonos contra el asiento del frente, y el niño quedó a centímetros de nuestro microbús. Si mi papá hubiera ido un poco más rápido, su capacidad de reaccionar no hubiera sido suficiente y estaríamos contando otra historia, pero de terror.

Una pregunta recurrente de los que inician este proceso es «Pero ¿cuándo me voy a sentir bien?». La respuesta varía de una persona a otra, porque depende de muchos factores. Pero lo cierto es que, en ningún caso, el alivio vendrá de inmediato. A pesar de ser doloroso, debo luchar contra los impulsos, para analizar, pensar y hacer una introspección de lo que estoy experimentando.

No todas las personas a nuestro alrededor nos tendrán paciencia. Doy gracias a Dios por los que no se ofendieron debido a mis reacciones equívocas, que vieron más allá de un enojo o de una frase cortante, que pudieron ver mi corazón lleno de dolor y angustia. Respira. Identifica qué es lo que te provoca estos cambios de humor y los impulsos. Desacelera… ¡Todo va a estar bien!

# TRANSFORMANDO
*el dolor en amor...*

1. Desde el inicio de esta pérdida, ¿puedes reconocer qué impulsos has tenido? ...................................................
   ................................................................................
   ................................................................................
   ................................................................................

2. ¿Has logrado controlar los impulsos? ..............................
   ................................................................................
   ................................................................................
   ................................................................................

3. ¿Qué decisiones piensas que estás a punto de tomar, de las que crees que pueden traerte consecuencias? ..................
   ................................................................................
   ................................................................................
   ................................................................................

4. ¿Algún cambio que has hecho te ha ayudado a sentirte mejor? ¿Cuál y por qué? ......................................................
   ................................................................................
   ................................................................................
   ................................................................................

MIS MEMORIAS

*Embarazo de Tomás*

FEBRERO, 2011

## CAPÍTULO 10
## Enfócate en la vida, y no en la muerte

La visión ideal de una persona es 20/20. Al principio del 2020, escuché a varias personas decir que este era un año diferente y que era la oportunidad de vivir un año con una mejor visión de la vida, a modo de metáfora.

Conforme fue pasando el tiempo, el año se fue poniendo cada vez peor: el cierre de las escuelas, de los negocios, y la peor parte: seres queridos, incluida mi abuela materna, murieron debido a la pandemia. Y lo que parecía ser un año prometedor se convirtió en una pesadilla para todo el mundo. Concuerdo con miles de personas que piensan que este tiempo ha servido para reflexionar; hemos tenido tiempo de hacer un alto, ya que lo que antes nos mantenía ocupados entonces estaba prohibido. Creo que ese tiempo extra para analizar nos deja ver claramente. Y es que, cuando trabajamos mucho y decidimos descansar, en ese tiempo de reflexión traemos todo resuelto, porque pudimos poner nuestro enfoque en otra cosa que no fuese el problema.

Al experimentar el duelo, es como si nos quitaran los anteojos que comúnmente usábamos y nos pusieran otros. Lastimosamente, en los primeros días, los lentes del duelo nos enfocan en lo más duro, en el dolor, en la angustia, en la ausencia pero, sobre todo, en lo negativo de la situación. Y es normal que así sea en la primera etapa de la elaboración del duelo. Lo preocupante sería no hacerlo, no atravesarlo y seguir con los anteojos puestos, quejándonos de la vida o de las personas que nos rodean y, aun estando vivos, vivir como si no lo estuviéramos. Es normal también sentir enojo, y esta fue una etapa que viví intensamente. Sin embargo, era consciente de que, si no lo superaba, una amargura mucho más grande me embargaría, y esta traería consecuencias serias en mi vida. El problema radica en que a veces nos acostumbramos al dolor y a mantenernos alejados de todo, porque implica menos exposición a nuestros sentimientos, los cuales no siempre serán validados por los que nos rodean.

El gran reto es convertir el dolor de la ausencia en algo hermoso, en algo constructivo, que no solo aporte a otras personas, sino que me impulse a mí también. Es tener la valentía de oponerme a mí mismo para quitarme los anteojos que no me han dejado ver claro, y cambiarlos por unos que me traigan esperanza.

Hay una expresión que se ha hecho muy famosa: «Siempre andan viendo el punto negro en la hoja en blanco». Básicamente, es esto. Puede ser que tengamos una familia estable, que nuestra condición económica sea buena pero, como la persona a la que yo quería ya no está, entonces decimos que todo está mal, y esto no es correcto. Debemos aprender a separar las situaciones para valorar lo que tenemos: lo que está bien y lo que está mal. He podido ver a muchas madres que —al perder a uno de sus hijos—, sumergidas en el dolor, olvidan que tienen otros hijos, olvidan el resto de sus familias, e incluso se olvidan de ellas mismas.

No hace mucho comencé a visitar un hogar de niños que están a la espera de ser reinsertados en sus familias. La salida de su núcleo familiar se debió a un mal manejo por parte de sus padres (agresiones de algún tipo), lo que lleva a una institución a hacerse responsable de los niños, mientras que sus progenitores son formados en la correcta manera de educar a sus hijos.

Cuento esto porque, cada vez que voy al lugar con mis hijos, a compartir con estos chicos, la persona que sale completamente cambiada soy yo. Son ellos los que me enseñan, los que me ayudan a cambiar la perspectiva. Este es un hogar lleno de amor y lo que sucede allí me llama mucho la atención. Para Navidad, siempre las personas llaman al hogar para consultar el regalo que los chicos quieren. En una ocasión, llamé para preguntar y me solicitaron una piscina para jugar todos o pijamas. Usualmente, en Navidad, la lógica es que los niños quieran juguetes, y aquí se me hizo un cortocircuito en la mente.

Mi lección ese día fue que —a pesar de que estos niños no tenían juguetes— ni tampoco están con sus padres biológicos ni con sus hermanos, ellos son mucho más felices que muchos de los niños que sí cuentan con todo ello. Y la razón es sencilla: tienen puestos los anteojos del agradecimiento. Cualquier cosa que se les dé, sea pequeña o grande, para ellos, es un gran regalo.

> *El gran reto es convertir el dolor*
> *de la ausencia en algo hermoso.*

La infelicidad se debe a nuestras propias decisiones. Estos niños han pasado por tanto... Me atrevería a decir que incluso traumas y, aun así, el estar con ellos nos expone a revisar lo que estamos haciendo mal.

Cada día, vivimos una lucha interna con nosotros mismos, para no centrarnos en lo malo y para tratar de ver la oportunidad en vez del defecto. Esto es lo que puede cambiar nuestro camino en el proceso del duelo. Creo que lo he mencionado anteriormente: hubiera deseado no vivir una experiencia tan fuerte, pero he tenido la oportunidad de conocer a tantas personas, de ayudar a muchas otras y, sobre todo, de trabajar en mí misma, de crecer como persona... *Es hora de que hagas un alto en el camino, cambies de perspectiva, cambies de anteojos, para hacerle campo a un nuevo comienzo a un nuevo amanecer.*

El tiempo también te ayudará a ver más objetivamente. No solo las circunstancias, sino también a las personas. Hoy, a pesar de la ausencia de Camila, disfruto de dos hermosos hijos (más adelante hablaré de ellos). Y, como familia, disfrutamos de la vida, tratando de ser mejores cada día y de ver siempre la esperanza en medio del desierto.

Es mi deseo que puedas tomar decisiones que sean congruentes con un mañana mejor, al igual que puedas vivenciar el concepto de lo que significa *perdonar*. Sé que muchas veces no sentimos hacerlo, pero también hacerlo es una determinación. En muchas ocasiones querrás dejar todo botado; sentirás que no podrás salir adelante, pero hazte una promesa a ti mismo y no te des por vencido.

# MIS MEMORIAS

*Nacimiento de Tomás*

OCTUBRE 14, 2011

# TRANSFORMANDO
*el dolor en amor...*

1. Menciona algunas razones por las cuales seguir viviendo a pesar de la pérdida que estás experimentando. ...............
   ................................................................................
   ................................................................................
   ................................................................................

2. ¿Has descuidado alguna relación en tu vida por estar enfocado en el dolor? ¿A quién? ¿Puedes recuperarla? .........
   ................................................................................
   ................................................................................
   ................................................................................

3. ¿Sientes que no eres feliz? ¿Por qué? ...............................
   ................................................................................
   ................................................................................
   ................................................................................

4. ¿En qué aspecto de tu vida puedes enfocarte, para que vivas con una perspectiva positiva y esperanzadora? .........
   ................................................................................
   ................................................................................
   ................................................................................

# MIS MEMORIAS

*Nacimiento de Tomás*

OCTUBRE 14, 2011

## CAPÍTULO 11
### Tomás: el gran consuelo

Después de haber intentado quedar embarazada por un año aproximadamente, empecé con muchos malestares. Como anteriormente ya los había experimentado, supe que estaba lidiando con los mismos síntomas que había tenido con Camila.

Esta vez, fui a comprar la prueba sola y me la hice en la casa de mi mamá. Al dar positivo, solo le comenté a ella. Decidí mantener el secreto porque para mi esposo era un susto enorme, y todavía no sabíamos si iba a ser un embarazo exitoso. Creo que, después de haber pasado tanto dolor, esta fue una reacción normal: ocultar el embarazo hasta estar seguros de que todo estaba bien. Desde el 2010 hasta hoy, tantos años después de su muerte, aún no sé las causas del deceso de mi hija. Era imposible no contemplar la posibilidad de que volviera a suceder. Al contarle todo lo que había pasado con la bebé a mi ginecólogo y la intención nuestra de volver a quedar embarazada, nos dijo: «Creo que pueden intentarlo de nuevo; si el bebé se muere, es que hay un problema que se repite y, si sucede lo contrario, es algo que no se repite». Esa no era la contestación que buscábamos. Estas palabras nos causaron dolor y desesperación. Lo describiría como un jaque mate de nuestro sueño. Con dicha respuesta, decidimos hacer un cambio de especialista. Después de que a una madre se le muere un hijo menor de un año, inmediatamente el embarazo pasa a ser de alto riesgo, y esto disminuía la cantidad de médicos que podían atenderme.

Me llegaron referencias del doctor Alejandro Villalobos, quien tenía muchas especialidades, entre estas, perinatología, infertilidad, medicina reproductiva. Eso me gustaba porque sabía que estaría en las mejores manos. Al llegar a la cita, le comentamos nuestra historia. El doctor llamó al Hospital Nacional de Niños para recopilar y verificar la información necesaria para poder atenderme. Sus palabras fueron: «Lo que ustedes acaban de experimentar es algo muy inusual, Dios aprieta, pero no ahorca. Si quieren intentarlo, vamos a tener todos los cuidados para que sea un buen embarazo». El doctor Villalobos ese día nos devolvió la esperanza cuando no la había. Entonces, me puse en control con él.

Al tercer mes, finalmente pensé que era tiempo de contarle a mi esposo. Los dos teníamos un reto que enfrentar, porque el miedo era demasiado; pero yo estaba feliz por mi embarazo. En estos nueve meses, Jonathan no pudo acompañarme a ninguna cita médica; no se sentía listo. Yo también hubiera querido salir corriendo, pero tenía al bebé en mi vientre, y no tenía alternativa. Lo entendía perfectamente, y este tema nunca fue una controversia para nosotros. Doy gracias a Dios porque mi mamá y mi hermana siempre me acompañaron en este proceso.

El doctor Alejandro me atendía como si fuera mi papá. En cada cita me daba paz, respondía todas mis preguntas y me enseñaba lo bien que el bebé se iba desarrollando. A los cuatro meses nos citó para decirnos qué sexo tendría el bebé. Ese día nos dimos cuenta de que tendríamos un varón; en camino venía Tomás. El nombre lo habíamos elegido desde el primer embarazo ante la posibilidad de que fuera un niño. Esto, de una u otra manera, nos daba tranquilidad, porque no era el mismo sexo de Camila, y estaba la posibilidad de que lo que habíamos experimentado solo les ocurriera a las niñas.

Al comienzo fue un embarazo de muchos malestares pero, a partir de los tres meses, lo que tenía era mucha hambre. Mi papá se encargó de conseguirme todos los antojos y de consentirme para que yo pudiera disfrutarlo. Aun viviendo la experiencia de un nuevo embarazo, la tristeza por Camila no se iba. Esto resuelve el dilema que tienen muchas personas al pensar que un hijo puede ser remplazado por otro; jamás.

Durante el embarazo, atravesé dos ocasiones donde no podía parar de llorar; era un desconsuelo muy fuerte. En la primera ocasión, mi mamá me decía: «Mi amor, trata de parar porque vas a afectar a Tomasito». En la otra, llamé a una amiga, que me permitió llorar hasta donde no podía más y, después de un rato, empezó a distraerme hasta que pude drenar el dolor de no tener a Cami. Lidiando con el temor de que Tomás muriera, fui al psicólogo de siempre y le dije cómo me sentía. Él con paciencia escuchó y me dio un panorama, no muy lejano a la realidad: «Raquel, ya sabes cómo lidiar con tus sentimientos si tu hijo muere; de lo contrario, vivirás algo nuevo, diferente y precioso». Él estaba preparándome para lo peor. No puedo ocultar que salí afectada. Nunca esperé escuchar esas palabras aunque, después de ese día, algo cambió en mí. Con este embarazo, tenía la seguridad de que todo iba a salir bien y, aunque a veces titubeaba, ganaba el sentimiento de optimismo y esperanza. Esa seguridad me la había dado Dios, sin lugar a dudas.

> *Aun viviendo la experiencia de un nuevo embarazo,*
> *la tristeza por Camila no se iba.*

Según expertos, el primer año del duelo es el más duro al experimentar todas las fechas especiales sin ese ser querido. ¿Cómo olvidar el primer día de la Madre sin Camila y con Tomás en mi pancita? Ese día hablé con mi mamá y le dije que solo podía dejarle el regalo en su casa, pero no podía compartir en familia. Me sentía incapaz de hacerlo y no quería llorar frente a todos en una fecha tan linda como esa. Gracias a Dios, en mami siempre encontré comprensión y fortaleza.

Otra recomendación del psicólogo fue cambiar el lugar de nacimiento de mi hijo (refiriéndose al hospital), ya que, si repetía todo lo que había hecho en el embarazo de Camila, era como predisponerme a que todo iba a suceder igual.

A Tomás lo celebré no tan efusivamente, pero sí me traté de esforzar para que supiera también lo deseado que había sido. El gran día había llegado. Mi esposo, mi mamá y yo nos fuimos al hospital para hacer el ingreso. El doctor me dio mucha paz. En el proceso de la operación, hablaba conmigo, e incluso permitió que un doctor amigo me acompañara en el parto. ¡Gracias Gustavo Barrantes, por la contención en esos momentos!

Tomás nació el 14 de octubre, a las 10.00 a. m. en un día muy lluvioso, pero para nosotros el sol había vuelto a salir. Junto al nacimiento de Tomás, nació una esperanza en mi corazón y empecé a guardar los mejores recuerdos hasta el día de hoy. Cada miembro de mi familia y la de John, cuando veían a Tomás, lo alzaban, lo abrazaban con lágrimas en los ojos, ¡qué momentos! Tomás era un niño esperado. Era el alivio a todo el dolor que habíamos vivido.

Al mes de nacido, descubrimos que había que realizarle una operación porque tenía dos hernias en la ingle. Esto quiso apagar nuestra felicidad pero, cansada de estos dolores en el alma, decidí enfrentarlo lo antes posible, y así lo hicimos. A causa de esto, mi leche materna se detuvo. La fecha difícil para mí no era el parto, sino pasar los famosos dos meses y veintinueve días (la edad de Camila al morir) y que Tomás no muriera.

Gracias a Dios, he podido celebrarle varios cumpleaños y disfrutar de verdad la vida. Para muchos, un cumpleaños pasa desapercibido. Para mí, cada año, el regalo es verlo crecer y caminar juntos, a su lado. Tomás es un niño feliz, noble, con un gran corazón y con mucha energía. Su pasión es la música y el básquetbol. Cuando tiene partidos o entrenamientos, amo gritarle desde las bancas lo bien que lo hace. Me imagino que me queda poco tiempo antes de escuchar: «Mamá, ya no grites, que me da vergüenza», pero me aseguro de que sepa lo orgullosa que me hace sentir.

Pasé mucho tiempo pensando que lo que había experimentado con Camila era una pesadilla; incluso no podía creer lo que me estaba pasando. Hoy, cada vez que disfruto de los triunfos de Tomás y aprendo como mamá de sus desaciertos, me encuentro en esa misma posición: no creer lo que me estaba pasando, pero desde otra perspectiva. No puedo creer que Dios me dé la oportunidad de experimentar esta clase de alegrías, en un recital, un juego o en un simple ataque de cosquillas.

Curiosamente, Tommy —como le decimos cariñosamente— es el que más se parece a Camila. Cuando lo vi por primera vez, pensé que eran como gemelos. Sus ojos grandes, sus pestañas enormes y los dos con piel blanquita. Sus batallas las peleo como si fueran las mías; sus tristezas me quiebran el corazón, y su compañía siempre me ha recordado lo mucho que Dios me ama demostrándolo a través de él.

# TRANSFORMANDO
*el dolor en amor...*

1. ¿Has experimentado alguna experiencia posterior a la pérdida que te haya devuelto la ilusión de vivir? ¿Cuál y por qué? ..............................................................
..............................................................
..............................................................
..............................................................

2. ¿Tienes temor de abrir tu corazón de nuevo para que no te vuelva a pasar lo mismo? ..............................................
..............................................................
..............................................................
..............................................................

# MIS MEMORIAS

*Embarazo de Leonor*

ABRIL, 2014

## CAPÍTULO 12
### *Leonor: quería huir*

Cada uno de los embarazos de mis hijos fue diferente, y cada uno representa algo realmente especial para nosotros. El de Leonor no era planeado, pero Dios lo mandó y, al igual que el embarazo de Tomás, lo mantuvimos en secreto.

Los controles siempre eran con el doctor Villalobos y, gracias a Dios, todo marchaba muy bien. Me causa gracia porque, en el lugar donde vivimos, tres vecinas quedamos embarazadas en fechas similares. Entonces, era lindo compartir con ellas la misma experiencia.

Creo que una madre experimenta tres momentos increíbles con un hijo. El primero es darse cuenta de que está embarazada. El segundo se da cuando sabes qué sexo va a tener, y el tercero se da cuando los vemos, los alzamos y los sentimos.

Para los cuatro meses de embarazo, mi mamá y mi suegra nos acompañaron a la cita. Todos esperaban la noticia del sexo del bebé. Después de unos cuantos minutos, el doctor nos felicitó, porque era una niña. No puedo ocultar que nos tentó mucho la idea de llamar *Camila* a la nueva bebé. Pasamos días meditando sobre eso. Incluso mi abuela materna había pasado una historia similar a la nuestra y a su hijo le había puesto el nombre del que recién había muerto. Después de haber pensado bastante, decidimos llamarla Leonor, porque marcaba otro momento de nuestra vida. Pero, en mi corazón, se gestaba una lucha grande: debía enfrentar una vez más el embarazo de una niña.

La psicóloga Ingrid Porras, quien es mi compañera en el grupo de duelo, describe el temor o el miedo (sentimiento muy común en la etapa de la pérdida) por medio de un acróstico que me ha sido de gran utilidad y quiero compartirte a continuación:

**M** entira que se

**I** ntroduce

**E** n la mente para

**D** ebilitar tus fuerzas

**O** robar tus sueños.

El miedo es un temor irracional, completamente falso. Nada de lo que sentimos es verdad. Honestamente, creo que, con cada uno de mis hijos, tuve luchas muy fuertes a nivel de mis pensamientos, especialmente con los dos últimos. ¡Es ahí donde ganamos o perdemos las batallas! Y era prácticamente imposible no tenerlo; incluso recuerdo que amigas cercanas me decían que me admiraban por ser tan valiente en volver a intentarlo.

*En mi corazón, se gestaba una lucha grande: debía enfrentar una vez más el embarazo de una niña.*

Existen muchas maneras de enfrentar los temores. En el embarazo de Leonor, decidí caminar día a día con pensamientos positivos, esperando lo mejor. Este embarazo se me pasó muy rápido, probablemente porque esta vez tenía a Tomás, de tres años y medio, etapa en la que los niños tienen mucha energía. Era casi imposible descansar con él a mi lado.

Decidí no celebrar la llegada de Leonor como siempre lo hacía. Esta vez saqué toda la ropa de Camila y la lavamos para que Leonor la usara. Leonor nació un 16 de enero en horas de la tarde. Una experiencia muy distinta, pero satisfactoria y feliz. Ya éramos cuatro y, aunque era inevitable pensar en Camila, el sentimiento era mucho más manejable.

Usualmente, como seres humanos, nos centramos en lo negativo. Para el día del parto de Leonor, mi esposo y yo nos encontrábamos cerrando un negocio que no funcionó como esperábamos. Además de esto, el jefe de mi esposo —quien era de gran estima para él— renunció a su puesto y llamó a Jonathan para comentarle lo sucedido. Considero importante mencionar esto porque estas dos situaciones quisieron opacar el nacimiento de Leonor. La lucha era muy fuerte para centrarnos en estar agradecidos, disfrutar su nacimiento y alejarnos por unos días de las preocupaciones y problemas.

Desde el día de su nacimiento, Leonor llevó ternura a nuestra casa. Ella es una niña muy especial, valiente, analítica y sensible. Leonor y John han desarrollado un vínculo único, que es lo usual entre una niña y su papá. Disfrutamos sus ocurrencias, su manera de ver la vida. Ella ha venido también a ayudarnos a enfrentar cada uno de nuestros temores y con ella hemos podido vencerlos uno por uno. Siempre soñé con hacerle colitas o ponerle lazos a Cami. Leonor tiene el pelo largo, y, en las puntas, unos rizos preciosos. He podido disfrutar tanto esta etapa al vestirla como una muñeca y cumplir esos anhelos de mi corazón...

*Desde el día de su nacimiento,
Leonor llevó ternura a nuestra casa.*

Con Tomás tuvimos una lucha por no sobreprotegerlo, reacción normal en unos padres que acaban de enterrar a un hijo, por temor a que le pasara algo, sin saber que la sobreprotección anula a un niño, porque de cierta manera le estamos diciendo: «No puedes hacerlo, lo voy a hacer por ti». A pesar de las luchas, creo que hacemos un esfuerzo diario para que sea seguro y no dependa siempre de nosotros. Con Leonor ya estábamos más conscientes del daño que podíamos causarle. Al evitar la sobreprotección, hemos logrado que ella sea más independiente, sin temores, segura y feliz.

Los triunfos de Leonor son diferentes a los de Tommy. Ella nos ha sorprendido por haber caminado a los diez meses de nacida, su claridad al hablar, la habilidad para patinar, y creemos que apenas estamos descubriendo su mundo. A su corta edad, podemos ver que ama cantar, bailar pero, sobre todo, ser ella.

Leonor nos ayudó a quitarnos el miedo: una constante en nuestra vida. Sí, en el fondo, siempre quedará una predisposición de que nos puede ir mal, eso nos haría perder la oportunidad de abrazar la vida y volver a disfrutarla. Nuestra hija representa enfrentar una nueva oportunidad de vida, una alegría que llena el corazón, la valentía de salir adelante con esperanza y de ser feliz con lo que se tiene.

# TRANSFORMANDO
*el dolor en amor...*

1. ¿Estás experimentando temor? ¿A qué le tienes miedo? ...
   ................................................................................
   ................................................................................
   ................................................................................

2. ¿Hay alguna situación que no has querido enfrentar posterior al duelo? ................................................
   ................................................................................
   ................................................................................
   ................................................................................

3. ¿Qué situación está opacando tu vida en este momento?
   ................................................................................
   ................................................................................
   ................................................................................
   ................................................................................

4. ¿Puedes identificar una nueva oportunidad de vida a pesar de la pérdida que estás experimentando? ....................
   ................................................................................
   ................................................................................
   ................................................................................

## CAPÍTULO 13
## *Ya pasaste lo peor*

Nunca olvido las palabras de una amiga durante mi proceso: «Raquel, cuando enterramos al ser querido y lo abrazamos por última vez, ese —sin lugar a dudas— es el peor día». Ella se refería a la experiencia de la muerte de su mamá, y creo que hay mucha verdad y sentido en lo que dijo.

El día del entierro es complicado. Es muy difícil soltar... es muy duro dejar ir a quien amamos. En mi caso, se supone que son los hijos los que entierran a un papá o a una mamá. Sepultar a un hijo es antinatural. Aun así, puedes preguntarle a un hijo si está listo para despedirse de su mamá de noventa y ocho años y, probablemente, dirá que no.

Aun cuando sé que Camila ya no está aquí, he tenido que soltarla muchas veces. Es difícil explicarlo pero, en la comunidad a la que asisto, integrada por padres que han atravesado casos como el mío, en los que hemos visto morir a un hijo, siempre hacen actividades de soltar globos en forma simbólica. Cada vez que lo hacen, puedes observar a todos los papás llorar al ver su globo volar, porque es volver a soltarlos en nuestro corazón, aunque ya no estén. El apego a los recuerdos, a olores, a sus pertenencias, muchas veces es el obstáculo para dejar ir. La relación que tuvimos con la persona que ya no está va más allá de la ropa: son experiencias que nos marcaron para siempre.

Muchas madres siguen esperando a que su hijo llegue a las seis en punto, cuando solía abrir el portón y saludarla. Otros lo llaman por teléfono y no es hasta que nadie contesta cuando caen en la realidad que golpea día con día: la ausencia.

En el grupo de duelo al que pertenezco, muchos dicen que lo más difícil de este proceso es soltar, es desapegarse de la persona. Pero desapegarnos no significa olvidar, jamás, sino que —de una manera saludable— lo podemos recordar, aprender a vivir con el dolor.

Al poco tiempo que Camila murió, recibí un correo electrónico de parte de mi papá. Me permito compartirles estas palabras llenas de amor y sabiduría.

**Para John y Raquel, de su papá:**

*El vivir la dolorosa partida de la linda Camila les deja momentos que fueron muy de ustedes y de Cami, en todos aquellos instantes que pudieron vivir a su lado. Cuando sientan la ausencia, recuerden sus sueños y fantasías.*

*No se alarmen con el paso del tiempo, porque siempre quedará en sus corazones la dulce presencia de su recuerdo y el aroma fino de sus pétalos. Déjense arrullar por su recuerdo y no se sientan culpables por su ausencia; ahora les pertenece por completo, aunque ya no esté aquí. Pueden idealizarla, pero no cometer el error de idolatrarla, ya que eso los ataría a ella en una forma enfermiza. Déjenla que vuele alto, como vuelan las águilas; más allá de las nubes y de las montañas, donde solo el recuerdo y el amor del corazón pueden alcanzarla. Debemos tomar conciencia que estas personas siempre formarán parte importante de nuestras vidas.*

*Aun cuando sé que Camila ya no está aquí,*
*he tenido que soltarla muchas veces.*

En el sueño que tuve con ella, la vi feliz y me dijo: «Estoy bien». Cuando corrí para que ustedes la vieran, me desperté, pero sé que ustedes también verán su carita feliz. Con lágrimas en mis ojos, les escribo esto.

En esta carta hay mucha riqueza que quisiera desarrollar, porque está muy ligada al apego y, por ende, a este capítulo.

*Cuando sientan su ausencia, recuerden sus sueños y fantasías*

En los primeros días después de una pérdida, nos encontramos acompañados de personas cercanas, amigos, familiares. Estos días, a pesar de ser muy duros, estamos tan ocupados que no tenemos tiempo para interiorizar lo que experimentamos. Y, mientras los días van pasando, los que nos rodean regresan a sus horarios habituales y es entonces cuando empezamos a experimentar una ausencia, un vacío que no habíamos sentido antes.

Todos tenemos maneras de reaccionar ante el vacío, y esto va muy ligado a nuestra personalidad, pero un sentimiento generalizado en el duelo es sentirse abrumado por tanto amor que les teníamos, recuerdos, dolor, angustia, etc. Es en la ausencia donde necesitamos hacer un alto y recordar, porque es ahí donde podemos revivir momentos especiales que formarán parte de lo que hoy somos. Es importante recordar no solo los sueños de esa persona que no está, sino también los nuestros. Hay metas y planes que nos han hecho soñar despiertos, proponernos verlos realizados y tomar un diferente enfoque en la vida, y no en la muerte.

*Déjense arrullar por sus recuerdos y no se sientan culpables por su ausencia*

En la ausencia también se experimenta la culpa. La culpa siempre saca los momentos en que le fallamos a esa persona, o a un compromiso que no pudimos cumplir. Para liberarnos de la culpa, debemos perdonarnos a nosotros mismos y entender que, como seres humanos, nunca podremos experimentar la perfección, lo que hace imposible quedar bien siempre. Además, aprender a no juzgarnos tan fuerte, y ser más compasivos, comprensivos con nosotros mismos.

> *Es importante recordar no solo los sueños de esa persona que no está, sino también los nuestros.*

He podido ver a muchas personas que no lograron solucionar algún conflicto con la persona que ya no está, y esto los detiene por años. Tal vez hoy puedas usar algún recurso para poder hacerlo. Por medio de la escritura de una carta, muchas personas han podido expresar sus sentimientos y emociones, y así poder abrir su corazón y dejar ir, para soltar todo ese dolor contenido en nuestro interior. Es importante solucionar la culpa y disfrutar de los recuerdos. Cierro mis ojos y recuerdo tener a Camila en brazos, y mi corazón se llena, a pesar de que ya no está.

Pueden idealizarla, pero no cometer el error de idolatrarla, ya que eso los ataría a ella de una forma enfermiza.

Cuando alguien muere, usualmente los comentarios referentes a la persona siempre son positivos y se menciona una frase muy común: «No hay muerto malo, ni novia fea». Idealizar a una persona es engrandecerla más allá de lo que en realidad es o fue. La explicación más lógica que puedo ver es que idealizamos a aquella persona porque hay amor. El amor nos hace ocultar los aspectos negativos, y nos lleva a resaltar los positivos. Es indispensable buscar un equilibrio en recordar con amor, y evitar que esa persona que ya no está se convierta en mi mundo, porque claramente no está y deben seguir viviendo.

*Déjenla que vuele alto como vuelan las águilas, más allá de las nubes y de las montañas donde solo el recuerdo y el amor del corazón pueden alcanzarla.*

Es aquí donde debo trabajar mi duelo y necesito soltar. Para entender el desapego, hay que hablar del apego. El apego ocurre por una relación de amor. Cuando se da una pérdida, la persona que queda debe saber que, de la misma manera en que aprendió a amar, debe aprender a soltar. Puede conservar su afecto, su cariño, pero ya no hay un lazo que la conecte con la persona porque, físicamente, ya dejó de existir. No puedo quedar apegada a una persona que no existe.

*Recuerda que el DESAPEGO ES PROGRESIVO.*

# TRANSFORMANDO
*el dolor en amor...*

1. ¿Has podido soltar a esa persona o esa situación que no puedes controlar? ..................................................
..................................................................................
..................................................................................
..................................................................................

2. ¿Qué te impide soltarla? ..................................................
..................................................................................
..................................................................................
..................................................................................

3. ¿Estás experimentando sentimientos de culpa por algo que no pudiste hacer o cumplir? ........................................
..................................................................................
..................................................................................
..................................................................................

# oasis HOPE

*Grupo de duelo Hope*

SEPTIEMBRE, 2017

## CAPÍTULO 14

## Hope: Ayudar me ayuda

En mi caminar del duelo, como lo he mencionado anteriormente, alguien clave fue Gaby Ortiz: ella compartió su historia conmigo y me guió por un camino, hasta entonces desconocido. Ella hizo tan buen trabajo que marcó mi vida y, sin pensarlo, nació en mí el deseo de ayudar a los que pasaban por este mismo proceso.

Años atrás, la mamá de una amiga cercana murió. En el funeral, la acompañé todo lo que pude y lloré mucho por su dolor... Allí me di cuenta de cuán importante era ella para mí. En esa ocasión, mi hermana tuvo la idea de hacer un grupo de duelo, para ayudar a varias personas que estaban experimentándolo. El grupo se reunió dos veces y lo cerraron, porque era difícil tener un psicólogo que pudiera ayudar siempre.

Al año de la muerte de Camila, empecé a conocer a personas, que me llegaban por sugerencia de amigos o porque eran amigos míos y habían perdido a sus hijos. Comenzó a crecer un deseo tan grande de ayudarlos... Cada vez que mi esposo y yo podíamos hacerlo, el corazón se nos llenaba. La pregunta de la gran mayoría de los papás era: «¿Cómo se animaron a tener otro embarazo si todavía no saben de qué murió?». John y yo podíamos contarles la experiencia de creerle a Dios de nuevo, y ellos a su vez podían conocer a Tomás que, con seis meses, sonreía, se dejaba alzar y era el alivio de cada una de esas parejas.

Pasaron siete años de haber llevado a cabo esta misma dinámica. Nuestros amigos nos enviaban a las personas que habían vivido situaciones similares a la nuestra, para consolar, escuchar y darles esperanza. Me alegraba tanto el corazón... porque cada una de estas parejas le creyó a Dios y hoy disfrutan de sus otros hijos, sin dejar de recordar y extrañar a los que ya no están. Entonces, me ofrecí para abrir nuevamente el grupo de duelo junto a psicólogos, ya que, sin duda alguna, ellos son los que saben manejar mejor a las personas que atraviesan esta experiencia.

¿Por qué estoy involucrada en ese grupo? Al morir Camila, varias personas trataron de ayudarme, pero siempre en mis adentros pensaba: «Qué fácil es dar consejos si no te ha pasado nada», y eso me enojaba mucho. Al ser parte de este grupo, podía comentar siempre cómo me había sentido, cómo había superado algunas cosas, y este hecho ayudaba mucho a los que estaban allí.

HOPE, que en español significa: «Esperanza», es el nombre que lleva nuestro grupo. Esperanza es lo que necesitamos al pasar por una pérdida. Esperanza por un futuro mejor, esperanza de que voy a estar bien, esperanza para salir de donde estoy, esperanza de que todo va a estar bien.

Al iniciar el grupo, creímos pertinente exhibir la película *La cabaña*, porque trata muchos temas relacionados con Dios, con el que la mayor parte de las personas se enojan en primera instancia.

> *Esperanza es lo que necesitamos*
> *al pasar por una pérdida.*

El grupo tiene una duración de doce sesiones, en las que se trabaja el duelo, para que las personas sepan identificar en qué etapa se encuentran y cómo lidiar con cada emoción, o situación que se da posterior al dolor. Durante los últimos años que he sido parte de HOPE, he aprendido de cada experiencia que he podido acompañar. Su manera de resolver y de ver la vida de una manera distinta enriquece mis perspectivas. En el grupo lloramos juntos; podemos contar muchas veces la misma experiencia y tenemos la garantía de que siempre seremos escuchados.

HOPE se ha convertido en un espacio seguro, donde las personas pueden desahogar su dolor, llorar sin ser juzgados, encontrar comprensión, un abrazo: es una familia. Es tan lindo poder ver cómo las personas llegan, y cómo, a lo largo de su proceso, empiezan a sonreír, a enfrentar y verlos encontrar un nuevo propósito en la vida. Algunos han hecho el proceso varios ciclos seguidos, hasta que se sienten listos, con las suficientes herramientas para seguir adelante. Al finalizar sus ciclos, ellos saben que HOPE es el grupo de apoyo que siempre tendrá las puertas abiertas para cada uno de ellos.

No recuerdo cuándo exactamente nació la frase: «Ayudar me ayuda», concepto que quisiera ampliar para cerrar este capítulo. Cuando yo logro enfocar mi atención en alguien más que necesita de mi ayuda y quito la atención de mi dolor, logro un sentimiento nuevo, diferente, que me ayuda a redireccionar el cariño que tenía por esa persona en alguien más.

*HOPE se ha convertido en un espacio seguro, donde las personas pueden desahogar su dolor*

En el grupo los motivo a cocinar un pastel y dejárselo a alguien que no tiene qué comer; pensar en los demás me ayuda a dejar de pensar en mí. Debemos ayudar a los demás, pero con medida, porque tampoco nos podemos olvidar de nosotros mismos. Al pensar en los demás, nos quitamos el rol de víctima e iniciamos una etapa en donde pensamos en que podemos servir a los que lo necesitan, es decir, que la experiencia dolorosa se convierta en aprendizaje.

# TRANSFORMANDO
*el dolor en amor...*

1. ¿Consideras necesario o innecesario participar de un grupo de duelo? ....................................................................
   ............................................................................................
   ............................................................................................
   ............................................................................................

2. ¿Quién ha sido tu apoyo en esta etapa? ...........................
   ............................................................................................
   ............................................................................................
   ............................................................................................

3. Cuando abres tu corazón acerca de tus sentimientos, ¿sientes que esto te ayuda, o es peor? ¿Por qué? ..................
   ............................................................................................
   ............................................................................................
   ............................................................................................

A pesar de que tal vez tuve un día donde no hice mi mejor esfuerzo,

Mañana tengo la oportunidad de empezar de nuevo.

## CAPÍTULO 15
## Resiliencia: una decisión inusual

En el proceso del duelo, es muy común sentirse frustrado, indignado y sin esperanza. Es difícil descifrar cómo me puedo levantar de nuevo y retomar mi vida. Son varios y distintos los sentimientos que podemos experimentar, y hasta pueden ser contrarios entre sí. Algunos intentarán vencernos y la solución más práctica pareciera ser tirar la toalla. Pero hay una capacidad que debemos poner en marcha: la resiliencia.

*La resiliencia es la capacidad que tiene*
*una persona de recuperarse de una situación traumática.*

El ejemplo más común que se escucha relacionado con este término es ser como un resorte, que, a pesar de estar bajo presión, cuando lo sueltas, vuelve a su estado normal. Suena sencillo, pero llevarlo a la práctica implica mucho esfuerzo y determinación. Creo que la resiliencia debe ir de la mano con la intencionalidad. Es caminar enfocados en una meta, y a pesar de los momentos críticos, levantarnos y seguir caminando.

Por ejemplo, cuando nos proponemos bajar de peso, la intencionalidad se ve reflejada si, al ir al supermercado, compro comida saludable y evito todo aquello que me haga salir del propósito que establecí. La resiliencia sería que, a pesar de que tal vez tuve un día donde no hice mi mejor esfuerzo, mañana tengo la oportunidad de empezar de nuevo.

Los científicos creadores de las mejores invenciones que hasta el día de hoy usamos, hicieron muchos intentos hasta hacerlos funcionar. Asimismo, le sucedió a deportistas destacados, presidentes, personalidades reconocidas. Qué tan fácil es ver a alguien en la posición donde está actualmente y no concientizar todo el esfuerzo que hizo para llegar ahí.

A pesar de que la resiliencia implica mucho trabajo, es un valor que puede tener cualquier persona, es decir, es algo común. Cuando la experiencia traumática sucede, la resiliencia no es la primera opción en la mente de nadie; sin embargo, es lo que me hace luchar y no darme por vencido. Para llegar a ser resilientes, probablemente, encontraremos obstáculos a nivel emocional, recuerdos, situaciones que dificultan una decisión como esta. No todos los días son buenos, pero debo ser firme con mis decisiones.

Las relaciones de amistad verdaderas y los familiares cercanos me pueden impulsar a resistir los sentimientos de depresión, de angustia y temor. Y para ello son necesarios los espacios donde puedo abrir mi corazón sin ser juzgado; ambientes de confianza, amor y comprensión.

*La resiliencia sería que, a pesar de que tal vez tuve un día donde no hice mi mejor esfuerzo, mañana tengo la oportunidad de empezar de nuevo.*

La resiliencia hay que definirla en pequeños pasos y logros. Al principio del duelo, no queremos comer, bañarnos, salir. Al establecerme metas alcanzables como las anteriormente mencionadas, voy afirmando poco a poco que yo puedo hacerlo. Para poder avanzar, debo aceptar que mi vida cambió, que no puedo volver a lo que yo tenía anteriormente. Es comprender que se darán alteraciones importantes en mi rutina, y necesito adaptarme a una nueva normalidad. Por más oscura que esté la noche, siempre va a amanecer. Recuerda siempre mantener una esperanza. Otra acción valiosa es recordar mis sueños, mis metas que dejé botadas por dolor, por tiempo, por desinterés, y retomarlas. Me atrevería a decir que, junto con la pérdida, también surgen nuevas metas como, por ejemplo, mi necesidad de ayudar a las personas que están pasando lo mismo que yo. En esta jornada del duelo, he podido apoyar a muchos que han iniciado este camino después que yo. Algunas de sus historias quiero compartirlas, ya que todos enfrentamos distintas situaciones, pero en cada una de estas historias se encuentran la esperanza y las ganas de seguir adelante.

### ÁNGEL, NOELIA, SAÚL, JULY Y ARI

Ángel y Noelia son amigos que conocemos hace mucho tiempo. Aproximadamente en el año 2012, Noe quedó embarazada de su primer hijo Saúl. El embarazo de Noe empezó a tener complicaciones en su último mes. Saúl nació con ciertas condiciones incompatibles con la vida. Toda su familia lo alzó, lo besó. A sus dos días de nacido, se fue. Noe y Ángel se acercaron a nosotros y hasta el día de hoy seguimos caminando juntos. Noe, en su dolor, abrazó con amor a Tomás, mi hijo, como si fuera suyo. Tommy tenía 6 meses cuando Saulito murió. Al año siguiente, Noe y Ángel recibieron a Julián, un niño completamente sano, que ha traído muchas alegrías a sus vidas. Cinco años después, quedaron embarazados. A los 6 meses de embarazo, nació Ari... un bebé prematuro que pudieron disfrutar unas cuantas horas y luego murió. Hoy Noe está embarazada nuevamente, disfrutando de este proceso, donde el bebé viene completamente sano.

> *Por más oscura que esté la noche,*
> *siempre va a amanecer.*

Noelia y Ángel me han enseñado la perseverancia, la fuerza, la vulnerabilidad y la fe. Ellos han decidido caminar a pesar de las circunstancias, darle la espalda al negativismo, aprender a disfrutar el hoy y seguir esperando lo mejor.

### ESTEBAN, JAZMÍN, SAMUEL, MARIEL Y SEBASTIÁN

Conocí a Esteban y a Jazmín, en medio del duelo de su tercer hijo Samuel (los dos primeros fueron pérdidas). Samuelito había fallecido de una enfermedad del corazón, que le impidió seguir viviendo desde sus primeros meses de vida. Ellos, como padres responsables, se hicieron exámenes y se dieron cuenta de que la misma enfermedad causante de la muerte de su hijo la tenía Esteban, pero con menor gravedad. Dios les regaló a su cuarta hija Mariel, que ha sido un bálsamo de paz y de amor para ellos. Experimentaron una tercera pérdida, y decidieron llevar a cabo la adopción, que siempre había estado en sus corazones. Poco tiempo después, Dios les permitió tener un hijo del corazón… Sebastián llegó a ponerle el sello de oro a este hogar, llegó a completarlo. Ellos tuvieron que enfrentar el dolor de enterrar a un hijo, de las múltiples pérdidas, de enfrentar la enfermedad y tuvieron que nadar contra la corriente para poder creer que ese no era el final de su historia.

Para ellos, el valor más importante de su familia es la fe y la confianza de que Dios tiene el control y SIEMPRE sabe lo que hace.

## DON ERIC, NORMITA, REBECA Y ERIC

La familia Linox Chacón fue parte de mi vida desde que tengo memoria. Mi papá y Don Eric siempre fueron los mejores amigos y compañeros de trabajo. Al morir Camila, Normita me contó la historia de su primer hijo, Eric Roberto, quien murió a sus tres meses de vida. Sus palabras siempre fueron de esperanza y me impulsaban a salir adelante, como ellos lo habían hecho. A partir del día uno de la muerte de Camila, ellos estuvieron con nosotros siendo nuestro apoyo. En este lapso, a Normita le detectaron cáncer, así que nos acercamos aún más. El 14 de febrero siguiente, Normita se fue al cielo, rodeada de mucho amor. No me puedo imaginar el reencuentro con su hijo, ese gran momento con el que yo sueño. Su partida fue un instante muy duro para nosotros, pero mucho más para Don Erick, Tito y Becky, que estaba embarazada. Lo más duro de todo este proceso fue que, en el lapso de un año de la muerte de Normita, Don Erick empezó a enfermar, y unos meses después también murió.

Respeto y admiro tanto a Becky y a Tito (como les decimos de cariño) porque, a pesar de haber perdido a sus padres en un año, ellos han sabido ser resilientes. Justo cuando ya iban asimilando la pérdida de su mamá, tener que enfrentar lo mismo con su papá, ponía las cosas cuesta arriba. El tema no es el golpe, sino la actitud correcta ante la adversidad.

Después de tantos años, ninguno de los dos se dejaron vencer. Siguen luchando por sus hijos y sus familias, tomando un día a la vez. Aunque pareciera ilógico, están más fuertes que nunca, sin olvidar de dónde vinieron, con amor abrazando el recuerdo de dos padres excepcionales que marcaron sus vidas para siempre.

## LAS MUERTES POR COVID

En diciembre de 2019, nunca nos imaginábamos la prueba tan grande que íbamos a experimentar a nivel mundial. Recuerdo ver las noticias, escuchar cuando ocurrió el primer caso de COVID en nuestro país, Costa Rica. De inmediato, creo que a todos nos embargó un temor fuerte de ser contagiados en algún momento, aunque esto parecía muy lejano de nuestra realidad.

Mi abuelita materna, de 96 años, estaba saludable, fuerte; caminaba con bastón. Heribert Víquez provenía de una familia muy longeva, incluyendo a su mamá, que había fallecido a los 103 años.

A mi abuelita le gustaba ir a la finca o quedarse en su casa… no le gustaba cuando mami la llevaba a su casa, por lo que, después de un par de horas, empezaba a pedir regresar a la suya.

En agosto de 2020, unos familiares nuestros que vivían con ella empezaron a presentar síntomas que coincidían con la enfermedad de COVID. Un domingo al mediodía, mi mamá prefirió sacarla de allí y llevarla a una casa, con la señora que la cuidaba, para evitar cualquier contagio. El sábado de esa misma semana, mi abuela empezó con una deshidratación importante y no se recuperaba. Mi mamá estuvo con ella todo el tiempo. Oró, la cuidó y la acompañó en la ambulancia, ya que no reaccionaba. Ese mismo día internaron a mi abuela, estaba contagiada. Creo que es un golpe fuerte cuando escuchamos la noticia de tener esta enfermedad. Mi abuela murió dos días después de haber sido ingresada al hospital.

Considero tan duro el duelo de alguien por COVID porque se nos niega la posibilidad de despedirnos correctamente (no por una videollamada). No podemos abrazar, no podemos besar ni olerlos por última vez. En cuanto al duelo, es no poder hacer el cierre. Luego de recibir la noticia, creo que, peor que enterrarlos, es reconocer el cuerpo envuelto en una bolsa y estar vestido con un traje especial para evitar el contagio. Es sumamente difícil reconocerlos detrás de un vidrio. Un proceso muy crudo, impersonal, en el que una realidad fuerte te golpea. Para enterrar el cuerpo, solo te permiten cinco minutos en el cementerio, lo que imposibilita que los familiares ni siquiera puedan cargar el féretro.

Todo esto lo menciono porque tuve que ver a mi mamá luchando con el COVID (por haber cuidado a su mamá, se contagió), con el dolor de ver que su mamá murió sola en un hospital, rodeada por desconocidos. Sus primeros días fueron muy complicados, con la familia lejos. Ella era cuidada por mi papá y por Martha, una amiga nuestra. Doy gracias a Dios porque, a pesar de experimentar en carne propia la enfermedad con una gravedad importante, pudo sobreponerse, enfrentar el duelo de mi abuelita, y quiso luchar para salir del hueco donde estaba.

La resiliencia dependerá SIEMPRE de mí, de mi capacidad de resistir, de mi lucha. Las circunstancias que enfrentamos pueden variar, pero nuestra actitud ante esta siempre deberá ser la misma: debo salir adelante.

# TRANSFORMANDO
*el dolor en amor...*

1. ¿Puedes nombrar esfuerzos que has hecho o que puedes hacer para lograr estar mejor a nivel integral? ....................
   ................................................................................
   ................................................................................
   ................................................................................

2. ¿Has podido aceptar el cambio que ha implicado la pérdida? ................................................................................
   ................................................................................
   ................................................................................
   ................................................................................
   ....

3. ¿Cuál crees que ha sido el obstáculo más grande en ese momento para que seas resiliente? ........................................
   ................................................................................
   ................................................................................

4. ¿Qué áreas de oportunidad puedes encontrar en tu vida para lograr una mejor recuperación? ....................................
   ................................................................................
   ................................................................................
   ................................................................................

*Por más oscura que esté la noche, siempre va a amanecer.*

## CAPÍTULO 16
## Vivir intencionalmente

### SÉ INTENCIONAL

Ser intencional significa trabajar con un propósito, hacer que cada acción cuente. Es enfocarse en hacer las cosas correctamente, a cada momento, cada día, y luego, continuar trabajando en estas de manera coherente. El reconocido escritor y conferencista, John Maxwell dice:

> *Las personas que triunfan son intencionadas.*
> *Saben lo que están haciendo y por qué lo están haciendo.*[3]

Este término lo escuché por primera vez hace aproximadamente un año pero, honestamente, no le di importancia. En mi lugar de trabajo, participé en mesas redondas de temas importantes referidos al ambiente laboral, guiados por el libro de John Maxwell. Pero el tema que más me marcó fue la intencionalidad. Por eso decidí escribir acerca de esto al terminar, porque creo que marca el siguiente paso del duelo. Definitivamente, para poder aprender a vivir con el dolor de una pérdida es necesario ser **intencional**.

A lo largo de este camino he descubierto herramientas que me han ayudado a sobrevivir los días malos, las festividades, los recuerdos pero, sin lugar a dudas,

---
[3] Maxwell, John (2011). Lecturas Diarias de Maxwell.

mi progreso depende de mí misma, de la determinación de salir adelante, de ser intencional.

## SÉ INTENCIONAL CON TU SALUD

Una de las partes más afectadas a lo largo del duelo es nuestro cuerpo. Las consecuencias pueden verse en todos lados. Ahora, varios años después de la pérdida de mi hija, mi pelo está lleno de canas. He tenido episodios fuertes de gastritis y, cada vez que se acerca una fecha importante, lucho con el estrés y con el manejo de las emociones.

En el grupo de duelo siempre escucho cómo las personas no logran dormir toda la noche. Sus hábitos alimentarios son alterados (algunos comen demasiado, a otros la comida no les pasa de la boca). Como resultado de la mala alimentación se les cae el pelo, y podríamos seguir comentando otras reacciones.

Es por esto vital hacer un alto en el camino y analizar en dónde estamos fallando para poder tomar decisiones que nos lleven a mejorar la condición en la que nos encontramos. Comer bien nos va a ayudar a estar bien. Los dulces, el azúcar y la comida chatarra solo nos pueden generar inestabilidad y ansiedad. Si lo creemos conveniente, busquemos a un nutricionista que nos ayude en este proceso. Esta lucha es por nuestro bien. Seamos intencionales desde el momento en que vamos al supermercado. Escojamos lo que es mejor para nuestro cuerpo.

*Una de las partes más afectadas a lo largo del duelo es nuestro cuerpo.*

El ejercicio, ya sea caminar, o algún deporte que no implique mucho esfuerzo, puede ser el aliado para lograr sentirse mejor. Cuando hacemos ejercicio, nuestro cuerpo libera sustancias químicas llamadas *endorfinas*. Estas interactúan con los receptores en el cerebro que reducen la percepción del dolor.

Muchas personas esperan sentirse mejor para iniciar un proceso de cuidado de su cuerpo pero, probablemente, nunca vamos a sentir ganas de hacerlo. Es por eso que debemos ser intencionales.

Al enfrentar el duelo, muchas personas terminan siendo medicadas por sus psiquiatras porque no logran salir de la depresión. Por todo esto, nos urge el poder cumplir con todo aquello que nos hace bien, porque repetidas veces he visto a las personas abandonar el medicamento y luego enfrentar una crisis peor que la inicial. Eventualmente, en los procesos se sentirá la mejoría poco a poco, lo que llevará a la disminución del medicamento hasta su suspensión total (todo esto debe ser supervisado por el médico).

## SÉ INTENCIONAL CON TU FAMILIA Y CON TUS AMIGOS

En mi proceso, y también en el de las personas a las que he podido ayudar en el grupo HOPE, veo un común denominador: aislarse de las personas, incluso de las familias. El motivo por el cual solemos hacerlo puede ser muy diferente entre una persona u otra pero, en el fondo, el común denominador es evitar exponerse a que alguien te haga daño, porque ya el dolor es lo suficientemente fuerte como para tener que tolerar más aún.

Además, en nuestro caso, a muchas personas no las hemos visto desde el momento de la pérdida, y por eso nos alejamos: no sabemos qué reacción van a tener con nosotros, y viceversa. Pero recordemos que no podemos huir para siempre, es mejor enfrentar.

Quisiera acá mencionar que hay personas que en estos procesos solo suman en nuestra vida. Siempre tienen una palabra sabia para decirnos, un abrazo, o solo su compañía nos ayuda a sentirnos mejor. Con estas personas, sé intencional, visítalos, comparte con ellos, haz esfuerzos, y podrás ver el cambio radical que tomará este proceso.

No solamente es importante identificar las personas que nos suman, sino también las que nos restan. Las personas negativas con comentarios inapropiados nos pueden desestabilizar. Por eso, la importancia de saber decir que no, y alejarnos hasta que estemos emocionalmente más fuertes.

## SÉ INTENCIONAL EN EL TRABAJO

Un ejercicio que continuamente hago es separar las cosas. Sé que en el duelo es difícil deshacernos de sentimientos tan fuertes pero, para lograr salir adelante, debemos separar las situaciones. Muchas veces sentimos que todo está mal, y no necesariamente es así.

En el trabajo puedes aprovechar para desconectarte un poco del dolor y concentrarte en lo que debes hacer. Muchas personas pierden sus trabajos porque la tristeza les gana la batalla, y no digo que sea fácil, pero estos esfuerzos nos hacen más fuertes, ya que nos ayudan a sobreponernos de lo que sentimos.

### SÉ INTENCIONAL CON TUS METAS

La vida se pasa tan rápido y, sin darnos cuenta, perdemos tiempo valioso para cumplir sueños y metas, que usualmente enterramos con la pérdida. Nunca pensé escribir un libro, pero con esta experiencia busqué por todos lados alguna fuente que me ayudara, que me entendiera, que me diera respuestas. Sabía que no iba a encontrar todas, pero por lo menos encontraría algunas.

Con estas preguntas nació este sueño, el cual me ha tomado diez años desarrollar, descubrir y escribir. El 2019 me marcó con este tema, y por eso el esfuerzo que he hecho para poder publicar desde lo más profundo de mi corazón.

Muchas personas logran volver a pintar, cantar, y descubren muchos talentos y actividades que los ayudan a hacer catarsis cada vez que las realizan.

### SÉ INTENCIONAL CONTIGO MISMO

Siempre he luchado por vivir pensando primero en los demás, y en último lugar siempre he estado yo. Sin embargo, he aprendido a lo largo de este proceso que es necesario que yo esté bien. Ahora, yo hago altos en el camino. Descanso si lo necesito. Invierto en mí y no me duele hacerlo, porque esto me ayudará a estar cada vez mejor. Creo que me hace falta mucho, pero es un camino en el cual estoy dispuesta a luchar, porque hay muchas razones por las cuales seguir.

Es normal sentirse desanimado, triste pero, cuando lo identifico, me enfoco en hacer todo lo contrario de lo que siento. Me visto, me maquillo, trato de salir, de hablar de otros temas y, si es necesario, me permito encerrarme en el cuarto para llorar un rato y exteriorizar lo que siento, en lugar de bloquearlo porque, si no, lo único que logro es hundirme más.

# TRANSFORMANDO
*el dolor en amor...*

1. ¿Cómo puedes mejorar tu salud? ....................................
   ................................................................................
   ................................................................................
   ................................................................................

2. ¿Cómo puedes mejorar la relación con tu familia y amigos? ............................................................................
   ................................................................................
   ................................................................................
   ....................................................................

3. ¿Has pospuesto sueños o metas por la pérdida? ¿Puedes volver a intentarlo? ..................................................
   ................................................................................
   ................................................................................
   ................................................................................

4. ¿Pones siempre a los demás antes que a ti mismo? ¿Qué acciones deberías hacer para ver un cambio positivo en tu vida? ......................................................................
   ................................................................................
   ................................................................................
   ................................................................................

*Invierto en mí y no me duele hacerlo, porque esto me ayudará a estar cada vez mejor.*

## CAPÍTULO 17
### Aprender a vivir

«No lo digo porque esté necesitado, pues he aprendido a estar satisfecho con lo que tengo. Sé bien lo que es vivir en pobreza, y también lo que es tener todo. He aprendido a vivir en toda clase de circunstancias, ya sea que tenga mucho para comer, o que pase hambre, ya sea que tenga de todo o no tenga nada. Cristo me da fuerzas para enfrentarme a toda clase de circunstancias»
—Filipenses 4:11-14 (TLA)

La vida pasa muy rápido y, sin darnos cuenta, nos envolvemos en preocupaciones, el estrés diario, en el intento de cumplir con nuestros objetivos en cuanto al trabajo, familia y demás compromisos.

Hay una afirmación que siempre me dicen las personas, especialmente las mamás y es... «Si a mí se me muere mi hijo, yo me muero». Creo que este hecho no es tan fácil. Todos, en un momento tan vulnerable como lo es la pérdida de un hijo, queremos morirnos, porque sabemos que, al hacerlo, nos reencontraríamos con ellos, pero simplemente no es posible. Son momentos en que todo se detiene, y lo único que podemos ver y sentir es el vacío y el dolor. Lo que no logramos poner en perspectiva es que, antes de que ocurriera el duelo, no nos deteníamos a ver y a disfrutar el tiempo al máximo, o puede ser que sí lo hacíamos pero, cuando uno ama, el tiempo nunca es suficiente.

Filipenses 4 nos habla de estar satisfechos y agradecidos con lo que tenemos. ¡Qué difícil hacerlo cuando alguien al que amo ya no está! Pero ahí es donde reside la sabiduría. Es usual en el ser humano la falta de agradecimiento. En mi caso, no está Camila, pero mis otros hijos y esposo sí lo están, lo que me hace estar agradecida por ellos y disfrutarlos al máximo. Qué importante es no olvidarme de quienes todavía están a mi alrededor y juntos salir adelante, llorar, darles libertad a los sentimientos y poder hablar de lo que hay en mi corazón.

Una de las ventajas que tenemos como personas que somos es el reaprendizaje; puedo volver a aprender, a ser agradecido... apreciar lo que sí está a mi alrededor. Siempre encontraremos personas que tienen lo que nosotros queremos y también personas que quieren lo que nosotros tenemos. En edades tempranas, es poco usual que experimentemos pérdidas, aunque siempre existen excepciones, pero es en nuestra niñez donde usualmente tenemos a toda nuestra familia. Es la mejor época porque no hay preocupaciones; todos los que amamos están con nosotros. Si me siento mal, lo digo, y todo se resuelve con un helado. Me encanta ver a mis hijos abrir un regalo, ir a un parque de diversiones, hacer algo por primera vez, porque se divierten con mucha intensidad y euforia. Con ellos he aprendido a escoger cuáles sentimientos quiero vivir al máximo y cuáles no.

> *Qué importante es no olvidarme de quienes todavía están a mi alrededor y juntos salir adelante, llorar, darles libertad a los sentimientos y poder hablar de lo que hay en mi corazón.*

Después de un tiempo de haber pasado evadiendo a las personas, decidí continuar porque el resultado de estar detenido nunca es recomendable, ya que se asemeja al agua estancada que cambia de color y huele mal. Recuerdo las palabras del cantante Alejandro Sanz que tuve la oportunidad de escuchar, y que han sido clave para mí hasta el día de hoy: «El mejor tributo que le podemos dar a los que ya no están es seguir viviendo». Es importante que estemos bien, que sigamos adelante y que cumplamos sueños. Me gusta tanto ver casos como el de una mamá que le prometió terminar sus estudios universitarios al hijo que ya no está… Valoro mucho haberla visto estudiando por años y llorar con ella viendo las fotos de su graduación con la fotografía de su hijo en la mano de manera simbólica. Es un hecho que los límites son mentales; únicamente nosotros mismos podemos sobreponernos a estos para lograr nuestros objetivos.

> *¡Qué belleza poder tomar el dolor y convertirlo en algo hermoso!*
> *¡Esto me llena de esperanza y es un gran impulso para seguir,*
> *porque todavía queda mucho por vivir!*

Mi esposo Jonathan, después de un tiempo, encontró algo que lo ilusionaba y desde hace cinco años inició un sueño nuevo, que es correr maratones. John es mucho más introvertido que yo, pero encontró, en el correr, una manera de desahogar su estrés y sus cargas. Muchas veces le he dicho que no saliera a correr a las cuatro de la mañana, con lluvia, pero él tiene una meta que lo hace cumplir sus objetivos diariamente.

> *He aprendido a escoger cuáles sentimientos*
> *quiero vivir al máximo y cuáles no.*

La Pastora Ruth Solís, amiga cercana de nuestra familia, dice que el dolor se sufre, se resuelve; no se disfraza ni se ignora. Hay un camino que debemos tomar al enfrentar la pérdida y, a su vez, habrá atajos que se verán atractivos, pero equívocos para sanar, como el evadir mis sentimientos, aparentar que estoy bien, entre otros.

El duelo es una travesía que eventualmente experimentaremos en la vida y que nadie quisiera hacerlo. El camino se ve oscuro e incierto. No hay un libro o una fórmula mágica que nos pueda decir el tiempo que nos tomará superar una etapa tan dolorosa como esta. Sin embargo, en este trayecto pueden aflorar situaciones no resueltas de nuestra vida, temores, inseguridades, limitaciones, con los cuales debo trabajar. Dar la cara a todo esto me hará crecer, madurar y alcanzar objetivos que nunca imaginé.

Hoy salgo de mi casa manejando sola (cosa que en algún momento no pude hacer por el miedo provocado por la pérdida), pero hoy, al hacerlo, siento tanta satisfacción… porque cada uno de los obstáculos que he tenido que enfrentar los he ido venciendo poco a poco. Gradualmente he aprendido a reinventarme; he podido volver a sonreír y he podido disfrutar de nuevo mi vida. Me ha tomado tiempo poder transformar el dolor en nostalgia y en esperanza. Cada día aprendo más, y soy desafiada en otras áreas internas, pero miro hacia atrás, hacia el 2010, y me sorprendo de todo lo que he podido superar y de lo que soy capaz de alcanzar con Dios. ¡No te desanimes, persevera, sé valiente, sigue caminando! Este es el mensaje que quiero dejarte en este libro.

# TRANSFORMANDO
*el dolor en amor...*

1. Usualmente, tus pensamientos, ¿son de disconformidad o de insatisfacción? ............................................................
   ................................................................................
   ................................................................................
   ................................................................................

2. Nombra tres razones por las cuales estás agradecido. ........
   ................................................................................
   ................................................................................
   ................................................................................

3. ¿Puedes identificar qué sentimientos has estado viviendo al máximo y cuáles no? ......................................................
   ................................................................................
   ................................................................................
   ................................................................................

4. ¿Te sientes detenido por el dolor? ......................................
   ................................................................................
   ................................................................................
   ................................................................................

*He aprendido a escoger cuáles sentimientos quiero vivir al máximo y cuáles no.*

# Anexo

## ¿CÓMO AYUDO A ALGUIEN QUE ESTÁ ATRAVESANDO UN DUELO?

Con frecuencia recibo llamadas de personas que tienen familiares o amigos que están pasando por el duelo y no saben cómo acercarse a ellos, además del temor a ofender o a ser inoportunos en un tiempo tan frágil. El hecho a considerar es que es importante saber que el proceso de duelo puede darse en distintas situaciones: un divorcio, la pérdida de un negocio o de una amistad. Por eso es vital no menospreciar los duelos que las demás personas estén viviendo.

## EL PUNTO CIEGO

El punto ciego es un concepto que se usa mayormente para hablar de la visión. Se refiere a áreas donde el ojo carece de sensibilidad a la luz, por lo que pierde su visibilidad en estas áreas, y lo mismo nos pasa con el duelo. Recuerdo haber asistido a muchos velatorios y funerales, pero ninguno de estos me dio una idea de lo que las personas cercanas al ser querido experimentaban, a pesar de estar cerca de ellos y de acompañarlos en el proceso. No es hasta que se experimenta el duelo en carne propia cuando la venda se cae del corazón. Entonces sentimos y entendemos lo que de verdad se vivencia cuando el dolor de la ausencia nos visita. Es en este momento cuando empiezo a sentir emociones que nunca antes había sentido, y me lleva directamente a la empatía con los que viven experiencias como las que estoy viviendo.

Esta empatía también la aplico a la situación actual que vive el mundo con COVID-19. Todos escuchamos acerca de la enfermedad, usamos mascarillas, vemos noticias, nos lavamos las manos frecuentemente, pero no es hasta que alguien que conocemos se contagia que enfrentamos lo que realmente es y sus consecuencias.

Quisiera compartir contigo algunos aspectos importantes de cómo apoyar a alguien que se encuentra en un momento de fragilidad emocional causado por una pérdida.

## NO TOMAR NADA DE MANERA PERSONAL

Uno de los puntos cruciales para poder ayudar a alguien a través del duelo es entender que están pasando por un proceso complejo. Su humor, sus emociones pueden tener subas y bajas notables que suelen afectar nuestra relación con ellos. Cuanto más cerca se encuentra la persona de la fecha del deceso, mayores son la vulnerabilidad, el dolor, y la complejidad.

En repetidas ocasiones, escucho decir, a quienes enfrentan el duelo, que las personas «les caen mal», o simplemente prefieren estar solos. No es un tiempo ideal para hacer amigos, pero es indispensable comprender esto. Al entender esta situación, es fundamental estar presente por medio de un mensaje, una llamada, un correo o lo que la persona me permita acercarme, siempre con respeto y paciencia. Presionarlos en un momento así, únicamente logrará alejarlos. Incluso, en una misma familia, muchos de sus miembros ocultan sus sentimientos para no preocupar a los demás o para no generar un mal ambiente, lo que hace acumular emociones, sin tener una válvula de escape. Por lo general, las personas que están pasando por esta etapa se vuelven sumamente selectivas. No desean hablar con todas las personas porque, cada vez que lo hacen, exponen su corazón, y la respuesta no siempre es la esperada. Es muy común escuchar, en los grupos de duelo, que el círculo íntimo, después de un tiempo, se queja de estar escuchando lo mismo, y los terminan exhortando a que superen la pérdida de una vez por todas.

## LAS PALABRAS SOBRAN

Es vital comprender que nunca podremos sentir lo que ellos sienten; por eso es que a muchas personas les choca la frase «Lo siento mucho». Siempre me puse muy nerviosa cuando iba a un funeral, porque no sabía qué decir. Recuerdo a un amigo mío al que le sucedía lo mismo que yo; por tratar de decir lo correcto en un velatorio, le dijo a la familia: «Felicidades». Fue tanto el shock de la familia que todos terminamos riéndonos.

He llegado a la conclusión de que, al enfrentar una pérdida, las palabras sobran, porque no hay nada que yo pueda decir que pueda llevarse el dolor del corazón de las personas. Ahora bien, un abrazo, o un acompañamiento hace mucho más que mil palabras. También es mejor no dar un consejo si no me lo están pidiendo. La meta de todos es ayudar pero, para dar un consejo, debes ser cauteloso y esperar los tiempos oportunos para hacerlo.

**Para decir algo, hay tres aspectos que debo tomar en cuenta:**

- ¿Cuándo lo digo? (Los consejos en momentos inoportunos son difícilmente bien recibidos).
- ¿Cómo lo digo? (Buscar las palabras correctas, que no hieran o hagan peor el dolor).
- ¿A quién se lo digo?

Estos puntos me pueden ayudar a ser asertivo para que, al acercarme, pueda apoyar en algo.

## TIEMPOS DE COMIDA

El dolor del corazón trasciende a todas las áreas de nuestra vida. Recuerdo que, en mi caso, mientras estuve con Camila en el hospital, muchas personas me llamaban para que saliera un momento y brindarme una cena o un almuerzo.

Cuando Camila murió, las personas dejaron de participar en cenas o en almuerzos en la casa de mis papás donde estábamos John y yo. Nunca se quedaron a comer. Solo llegaban a la puerta de la casa y entregaban una comida para que podamos cenar juntos esa noche. Solamente nos decían que «su corazón estaba con nosotros», y se iban. ¡Cómo agradezco cada uno de estos detalles que nos ayudaron de una u otra manera en un tiempo donde no hay ánimo para nada! Al enfrentar el vacío que provoca el duelo, es común escuchar decir a las demás personas: «Si necesitan algo, no duden en contactarnos». La realidad es que, en muy pocas ocasiones, la familia va a contactar a alguien. Esta alternativa de simplemente llevar una bandeja con comida lista para calentar y servir, no es invasiva, al contrario, es muy oportuna, porque todos tenemos que comer. Es una forma útil y adecuada para estar presente.

## ESCUCHAR

La mejor manera de aprender a lidiar con el duelo es vivirlo. Lastimosamente, es una costumbre que, cuando los familiares de la persona hablan del tema, reciban comentarios como: «Ya, ya no llores, tranquila», «¿Otra vez vas a hablar de lo mismo?»

Es difícil para la persona afectada poder sanar si nadie quiere escuchar su historia. Para el receptor del mensaje, puede ser cansador, pero es una manera muy útil de poder ayudar a que la persona lidie con sus emociones. Es brindar tiempo de calidad, escuchar viendo a los ojos, y no mirando un celular. Seguramente, ya conocemos la historia y cada palabra que el doliente dirá la hemos escuchado en repetidas ocasiones. Pero, cada vez que la escuchemos, traerá, sin duda, sanidad a la persona.

## ACOMPAÑAR

Salir a caminar, dar una vuelta a algún lado, realizar una experiencia nueva, recogerlos y llevarlos a hacer algún trámite, es una excelente forma de decir que estamos con ellos. Recuerdo una amiga que me pagó un día de spa para ir con ella... sin hablar, solo para estar conmigo y distraerme. También me llevaban mucho al cine y, por lo menos, por varias horas, me olvidaba de lo que me había pasado.

Estas son solo algunas recomendaciones que puedo aportar, con las cuales pude (y quise) recibir apoyo de las demás personas. Cualquier esfuerzo que se pueda brindar será bien recibido siempre y cuando lo hagamos desde la empatía y desde el sentido común.

«Él les enjugará toda lágrima de los ojos. Ya no habrá muerte, ni llanto, ni lamento ni dolor, porque las primeras cosas han dejado de existir. El que estaba sentado en el trono dijo: "¡Yo hago nuevas todas las cosas!" Y añadió: "Escribe, porque estas palabras son verdaderas y dignas de confianza."»

**Apocalipsis 21:4-5**

Para más información, puedes hacerlo a través de:

Facebook: raquevargas1980

Instagram: raquelvargas1980

Correo electrónico: raqvarbe@gmail.com

www.ingramcontent.com/pod-product-compliance
Lightning Source LLC
Chambersburg PA
CBHW050511240426
43673CB00004B/176